AF200135

David Kaufmann, Paul de Lagarde

Paul de Lagardes jüdische Gelehrsamkeit

eine Erwiederung

David Kaufmann, Paul de Lagarde

Paul de Lagardes jüdische Gelehrsamkeit
eine Erwiederung

ISBN/EAN: 9783744618823

Hergestellt in Europa, USA, Kanada, Australien, Japan

Cover: Foto ©ninafisch / pixelio.de

Weitere Bücher finden Sie auf **www.hansebooks.com**

PAUL DE LAGARDE'S

JÜDISCHE GELEHRSAMKEIT.

EINE ERWIEDERUNG

VON

PROF. DR. DAVID KAUFMANN.

LEIPZIG.

OTTO SCHULZE.

1887.

Zwei Göttinger Machzorhandschriften beschrieben von L. Techen, dr. phil. Göttingen (Dieterich), 1884. 79 pp. Gr. 8. ℳ 3.

Die erste Aufgabe bei der Beschreibung synagogaler Gebetcyclen, sogenannter Machzorim, ist die Bestimmung des Ritus, dem sie angehören. Unser Autor ahnt nicht, dass dies eine Frage sei. Die zweite Forderung ist die Ermittelung des Alters und der Herkunft der Handschriften. Kenner pflegen, wo sichere Angaben fehlen, aus dem Charakter der Schrift, aus orthographischen Eigenthümlichkeiten, aus Kunststückchen und Finessen der Schreiber ihre Schlüsse zu ziehen; unser Führer weiss von solchen Mitteln Nichts, er hat andere Methoden. In einem Bussgebet von cod. 8 bedient der Dichter sich der Worte: לאלף (יהיה) הקם. Unglückseliger Weise hat nun Techen bei Zunz gelesen, irgend einmal habe man in besonders geschraubter Weise sich des Zahlenwerths dieser Worte als Datums bedient, flugs ist er mit diesem Einfalle bei der Hand, das Alter seines Codex darnach zu bestimmen: 1306 oder 1311. Nun hat aber dieser Dichter einige hundert Jahre früher gelebt, Techen muss also seine Autorschaft anfechten und übersieht dabei, dass Zunz, Literaturgeschichte der syn. Poesie (— Z) p. 616 aus Wort und Wendung die Echtheit dieses Stückes bewiesen hat. Obendrein bestätigen alte Zeugnisse und das Akrostichon: אנא לעורח ירידך התעורה den Autornamen Elia; „mit demselben Rechte" meint jedoch Techen, Eleasar darin lesen zu können. Natürlich! Man kann auch Jedidja darin finden, wenn man — nicht weiss, wie Akrosticha angebracht werden. Die gemarterten Worte enthalten selbstverständlich ebensowenig hier ein Datum wie im Jesaias 60, 22,

1*

dem sie entlehnt sind. Dann werden wir über eine Subskription belehrt, u. z. seien f. 227[2] „die verse Isa 59, 20; Ps. 22, 4; Isa 6, 3 geschrieben, dann folgen in cursiva die worte: ולא מוסר תחקבל צלוחדן לפ שני שתם תפילתי. Die letzten beiden sind aus Thr. 3, 8; 'צ 'ח sind der anfang einer bekannten gebetsformel: eine befriedigende erklärung besonders der abkürzung vermag ich nicht zu geben" (p. 6—7). Ich schäme mich, erst erklären zu sollen, dass לפ — לפי שנאסר druckt unser Doktor — die bekannte Citationsformel von Bibelstellen bildet. Aber was besagt diese Brandung von Versen? Stehen sie im Zusammenhang mit dem Inhalt des Blattes, auf dem sie zu finden sind? Techen weiss keine Antwort, glänzt in der Weisheit des Schweigens, was er selbst nicht als „eine befriedigende Erklärung" ansieht. Und doch ist die Lösung so sicher! Ich habe den Codex nicht gesehen, weiss aber aus der Blattangabe, dass die Worte am Ende der Klagegesänge des 9. Ab stehen. Die Angabe sagt dem Betenden: ובא לציון ואתה קדוש, קדוש קדוש, d. h.: heute werden in ובא לציון die Worte ואני זאת בריתי weggelassen; in den Kaddischbenedictionen wird nach der Recitation der Threni des Verses 3, 8 wegen: תחקבל nicht gesagt. Für 10 Kreuzer wird diese Weisheit in jedem jüdischen Kalender (לוח) verkauft. Nach diesen gelehrten Bemerkungen werden wir von cod. 8 mit der Vermuthung entlassen, dass er dem 14. Jahrhundert angehöre.

Grössere Ueberraschungen harren unser in cod. 9. Hier findet sich die „mehr gekritzelte als geschriebene" Zeile: זה המחזור ר' יוסף ורומילם אחיו מקירכיין קא לפרש. Das heisst zu deutsch, wie man mit Hülfe von z. B. Förstemann, altdeutsches Namenbuch, I, II s. v. leicht finden kann, in ungrammatischem Laienhebräisch: Gehört Josef und seinem Bruder Rumolt aus Kirchheim 1340/41. Techen berichtet: „lässt dieser satz auch construction vermissen, und weiss ich auch mit רומילם und קירכיין nichts anzufangen, so ist die jahreszahl ... 1341." „Eine zweite ebenso wichtige subscription steht f. 164[1] ... alez dormer e levez matin (hebr.)... der codex stammt also aus Frankreich" (p. 8). Nimmermehr, die Juden sprachen auch am

Rhein französisch, vgl. z. B. Güdemann, Erziehungswesen II, 273 ff. Hier findet sich auch die Jahreszahl קנ — 1342/3. Beide, die erste „gekritzelte" so wenig als diese, haben natürlich Nichts mit der Zeit der Abschrift zu thun, da die Schreiber sich ganz anders zu verewigen pflegen. Gleichwohl leistet Techen die unglaubliche Naivetät: „Die zahl 1343 kann durchaus nicht befremden, denn so sorgfältige quadratschrift mehr zu malen als zu schreiben erfordert zeit." O sancta simplicitas! Eine andere „Subscription": לכו אכלו ושמחה (p. 8). Unmöglich; es muss בשמחה stehen (Eccl. 9, 7). Alles in Allem, bleibt als vielleicht richtig die Lagenrechnung und die Angabe über die verschiedenen Hände und einen — Deckel übrig. Dass der Verlust am Schlusse der Handschriften unberechenbar sei (p. 5, 7), wird kein Kenner „natürlich" finden.

Aus dieser Vorhalle mit Hindernissen erwarten wir in die Beschreibung des Inhalts einzutreten. Techen glaubte aber, es werde zuvor (p. 9—17) „eine kurze aufzählung der festgebete und der üblichen termini technici dienlich sein." Für wen, bleibt mir unerfindlich. Der Laie vermag keine einzige dieser öden, trostlosen Definitionen zu begreifen, für den Kenner hat längst Zunz Alles unübertrefflich gesagt. Dazu will Techen „natürlich nur bekanntes" vorbringen (p. 9). Allein er leistet mehr, als er verspricht. So ist es sicherlich unbekannt, dass die Codd. immer והחיה, die Ausgaben meist והאופנים haben (p. 9); Techen weiss also nicht, dass ersteres stets nach einem Ofan gesagt wird, was jedes jüdische Gebetbuch ihn hätte lehren können. Nach p. 11 ist die Keroba eine Bezeichnung, „die man sich jetzt gewöhnt hat" zu gebrauchen. Das geläufige: אל נא לעולם התערץ heisst p. 12: אל נא לעולם הארץ. Die Bussgebete לשני חמישי ובני sind nach p. 15 „für den zweiten und fünften wochentag", eine klassische Belehrung, wo es heissen musste: für die ersten 3 aufeinanderfolgenden Montag-, Donnerstag- und Montagfasten nach dem Neumond des Cheschwan und Ijar.

Wahrhaft verhängnissvoll war für den Autor das erste Blatt von cod. A, als hätte es ihn warnen wollen, in das Innere

einzutreten. Hier findet sich eine Liste von numerirten Buss-
gebeten, Techen sagt: „gezählte anfänge"; er weiss eben nicht,
wovon. Wenn man angeben wollte, welche Stücke recitirt
werden, brauchte man nur die Nummern zu nennen. Techen
erklärt p. 20: „Wozu diese aufzählung dienen sollte, weiss ich
nicht." Ich weiss es: Um Leute zu brandmarken, die Bücher
über Dinge schreiben, die sie nicht lesen können. Ein
Monstrum eröffnet den traurigen Zug: תגרחיך (p. 19.) Was
wohl das räthselhafte Unwort bedeutet? Es ist natürlich aus
חגרת יד verlesen, dem bekannten Bussgebete Z. 225.[1]) Gleiche
Unkenntniss verräth die Fehllesung: כמתאי und כאשפירח nach-
einander für die Stücke: באשׂזורת הבקר, בסתאי מנחה. In וראה
אל עבדיך muss man: יראה אל עבדיך Z. 250, in: אל אוכרה natürlich:
אלה אוכרה errathen. אפסו אישום p. 20 vertritt: אפסו אישים. Im
folgenden Stück hat der Schreiber unserem Forscher einen
argen Possen gespielt; er hat nämlich die Bezeichnung פתיחה
zu eng an die Angabe des Anfangs gerückt; Techen macht
daraus: כאשר נשאתה פתיחה. Chatef-Kamez wird in den Handschriften zuweilen mit ו bezeichnet; תעלת צירי ist also — תעלת
צירי Z. 235. מאחך תהילתו Z. 249, תזור עבורה statt עבדה מזין
statt תהלתי, אמתי שלום statt שלומי sind jedoch nicht durch Eigenthümlichkeiten der Handschrift, sondern aus der unkundigen
Flüchtigkeit des Herausgebers zu erklären, den die Unver-
ständlichkeit seiner Abschriften nicht bedrückt zu haben scheint.

Erst jetzt, nachdem er so seine Berufenheit sattsam erwiesen,
geht Techen an die eigentliche Inhaltsangabe. Statt sich nun
aber mit der Hervorhebung besonders merkwürdiger Stücke,
die freilich hier nicht vorhanden sind, oder auffälliger Lese-
arten seiner Handschriften zu begnügen, ist er auf die qual-
volle Idee verfallen, die Anfänge aller Stücke herauszuschreiben,
alphabetisch zu ordnen und die Stellen anzugeben, wo in der
Litteratur darüber gesprochen wird. Ein solcher Index ist bei

---

[1]) Diese Bemerkung sowie die Nachweisungen der Seitenzahlen bei
Zunz verdanke ich Herrn Adolf Gestetner, der einen Index zur Literaturgeschichte auf meine Veranlassung ausgearbeitet hat.

der Kleinheit des so gewonnenen Materials lächerlich, aber —
unschädlich. Techen glaubte aber mehr thun zu müssen. Er
fügt auch die Blattzahlen einer Ausgabe des Heidenheim-
schen Machzors bei. Da es keine standard-edition desselben
giebt, wird der Kenner bei der Unzahl von Machzorausgaben
die Kostbarkeit dieser Gabe würdigen. Er hat noch dazu
auch hier sehr unzuverlässig gearbeitet, da er von den be-
kanntesten Stücken, z. B. dem Bussgebet אלה אזכרה (p. 48)
angiebt: nicht bei H., das Klagelied ציון נברח (p. 72) nicht
aufzusuchen gewusst hat. Da H. die Autoren bei Akrostichen
angiebt, so war es die einfachste Weise von der Welt, bei
Zunz, Landshuth und Luzzatto nachzuschlagen und zu-
versichtlich zu thun. Der Jammer beginnt, wenn diese Stützen
versagen, d. h. wenn die Zuflucht zu denselben erschwert ist.
Dann folgt auf den eben erst stolzen Gang das erbärmlichste
Zappeln, ganz so wie es bei Kindern geschieht, denen das
Laufband aus der Hand gefallen. Ein belustigendes Pröbchen
solcher Verzweiflung bietet das Stück: אוכרך נואלי p. 41. Techen
sagt: „in den worten: האל .... שלמו יתה כרחמו לשמו ist gezeichnet שלמה בר שמואל‏". Dieser Dichter ist eine Techen'sche
Gründung. Die Unmöglichkeit solcher Zeichnung sieht — ein
Blinder. Die weiteren Verwickelungen und Verlegenheiten
erspare ich mir; der Dichter ist Meschullam b. Kalonymos,
wie Techen aus Z. 110 um so eher hätte lernen können, als
er p. 28 diese Seite citirt. P. 43 wird in dem Stücke איומתי
יתה durch völlig undisciplinirtes Herumrathen ein Dichter:
Isaak b. Serach b. Salomo ermittelt, der nicht existirt. Der
Stossseufzer: „bei Z. lit. habe ich nichts gefunden" verkündet
die Noth. Und doch ist Z. 719 die Verwirrung aufs Einfachste
gelöst. Es ist eben in cod. 8 wie in cod. München 88 an die
6 Strophen unserer Ababa die siebenstrophige שחותי eines
anderen Dichters Namens Salomo geschweisst worden. Das
Akrostichon des Ofan אשריך אום קרם ist durch Auslassungen
zerrüttet worden; Techen bewegen die stehen gebliebenen
Buchstaben p. 58 zu der Frage: „ob sie aber einen namen
bilden können?" Z. 704 belehrt entscheidend wie immer, der

Dichter habe Menachem b. Ebjatar geheissen. P. 59 erscheint das Klagelied ואתי עו חמאתי unter א, weil Techen es mit
את beginnen lässt. Aus Z. 520 war zu lernen, dass der Autor
Jechiel heisst, ein Name, der in der Liste p. 27 also auch
ausgeblieben ist. „Refrain ואחימה", ein ärgerlicher Lesefehler
für ואהיסה. Dass solche elementare Schnitzer sich überall da
einstellen, wo nicht eine gedruckte Vorlage das Buchstabieren
in der Handschrift erleichterte, zeigt die klassische Nummer 106
או חשן ספכה, wo der Umstand, dass Z. auf das Stück nur ver-
wiesen hat, ohne den Anfang abzudrucken, das Unheil ver-
schuldet hat; natürlich ist או חשן ככוח zu lesen. Mildernde
Umstände, wie etwa die Möglichkeit eines Druckfehlers, fallen
hier gänzlich weg, da die Correctur peinlich, die typographische
Seite des Buches tadellos und sogar erstaunlich ist. Belastend
dagegen ist die Thatsache, dass Techen sich diese Blössen
gegeben, obwohl er jeder sachlichen Erwägung aus dem Wege
gegangen ist und kein hebräisches Wort in seiner Arbeit
übersetzt, die Gelegenheiten zu Irrthümern also eigentlich für-
sorglich vermieden hat.

Aus Verehrung für die deutsche Hochschule muss man
es beklagen, dass solch eine Arbeit, die in jedem anderen
Fache als unzulänglich zurückgewiesen würde, eine Doktor-
dissertation bildet. Das ist die Frucht eines Zustandes,
dass Botokuden und Zigeuner einen Vertreter auf
den Lehrstühlen deutscher Universitäten haben, eine
Litteratur aber, die in die Geschichte und in das
Schriftthum aller Culturvölker eingreift, wie die
jüdische, vor die Thüre gewiesen wird. Ehemals
stiegen in Selbsterkenntniss die den Iudaicis sich
widmenden christlichen Gelehrten von ihrem Parnass
zu irgend einem Juden herab, der sie gerne in die
Weisheit der Rabbinen und in die Kenntniss des Neuhebräischen einweihte. War nicht auch in Göttingen
ein Hebräer zu finden, der in seiner Kindheit Selichoth
und Pijutim „gesagt" und immer noch werdende
Doktoren hätte belehren können?

Aber Bescheidenheit hat stets nur bei Wissenden gewohnt. Statt voll Dankbarkeit gerührt die Hülfswerke der jüdischen Litteratur zu preisen, die es einem Uneingeweihten, der mit den Elementen kämpft, möglich gemacht haben, den Rain wenigstens eines Gebietes abzuschreiten, das für ihn und seines Gleichen verschlossen ist, verkündet Techen in einer „characterisierung der hauptsächlich benutzten und citierten bücher" (p. 17—18), dass die Leistungen von Zunz, Landshuth und Luzzatto „als im wesentlichen verfehlt zu betrachten" seien. Besonders scheint es ihm „angebracht mit dem urtheile über die leistungen des herrn dr. L. Zunz nicht zurückzuhalten"; dem greisen Gelehrten sollte zur Feier seines 90. Geburtstages von Herrn Techen die Wahrheit gesagt, über seine Bücher einfach ein Kreuz gemacht werden. Ich bin zu tief von Ehrfurcht für den wahrhaft einzigen Mann erfüllt, als dass ich die Abgeschmacktheit begehen könnte, ihn gegen diesen Angriff vertheidigen zu wollen. Aber ich frage, wie wohl mit einem Jüngling verfahren würde, der nothdürftig die Anfänge einer provençalischen Liederhandschrift nachzumalen im Stande war, und sich über einen Dietz zu Gerichte setzte, oder mit einem Anfänger, der ohne Vorbereitung Einiges aus Grimm und Lachmann sich angeeignet hätte, um dann mit pietätloser Dummdreistigkeit über die allverehrten Meister herzufallen? Techen kennt aber nicht einmal das Material, das er mit Einem Hauche vernichten möchte. Dass Zunz einen Nachtrag zur Literaturgeschichte hat erscheinen lassen, ist ihm unbekannt. Von Landshuth, der mit Simeon schliesst, erklärt er p. 18, mehr als bis ɔ „ist nicht erschienen." Solche Zuchtlosigkeit ist nur auf einem Gebiete möglich, wo keine Controle gefürchtet wird; es ist endlich Zeit, dass das System der „Ausweisung" auch hier eingeführt werde. Mit der stillen Verachtung ist es nicht gethan; Eindringlinge mit so unordentlichen Papieren sind über die Gränze zu schaffen. Es liegt im Interesse der deutschen Wissenschaft, dass nicht Maculatur unter ihrer Flagge gehe und in Doktorarbeiten nicht so gesündigt werde, wie es Jes. 3, 5 beschrieben steht.

Und von diesem Buche hat Herr Prof. Herm. L. Strack, der Alles, was jüdische Litteratur heisst, beurtheilt, im theol. Litbl. 1885 p. 74 erklärt: „Die Formulirung des Urtheils über Zunz und Grätz veranlasste den Referenten, nachdem er das Vorstehende geschrieben, sich nach der Person des Verfassers zu erkundigen. Zu seiner lebhaften Freude ist ihm von gut informirter Seite die Mittheilung geworden, der aus Mecklenburg stammende Verfasser sei Philologe lutherischen Glaubens. So mehren sich denn die Anzeichen, dass die jüdische Litteratur, deren Studium in Deutschland in neuerer Zeit ausser Franz Delitzsch fast nur de Lagarde, O. Siegfried und Ref. gepflegt haben, auch in weiteren Kreisen der Christenheit Gegenstand wahrer wissenschaftlicher Forschung wird. Gott helfe weiter!"

Budapest 26. März 1885.

David Kaufmann.

Die vorstehende Abfertigung ist zuerst in der österreichischen Monatsschrift für den Orient vom 15. April und 15. Mai 1895 erschienen. Ich bin gezwungen, sie hier nochmals zum Abdruck zu bringen, und bemerke nur, dass die mit gesperrter Schrift gedruckten Stellen die Zeilen enthalten, die ich beim ersten Erscheinen dieser Kritik der Rücksicht auf die Raumnoth des gastfreundlichen Blattes opfern musste. Ich sehe jetzt, dass ich mit einer Art von richtigem Vorgefühl vorging, als ich wider meine Gewohnheit s. Z. gerade dieses Scriptum aufbewahrte.

Wer mich kennt, weiss, dass Neigung zu Zank und Krakehl, vor Allem aber kleinliche Nörgelsucht und Lust an der Herabsetzung fremder Leistungen mir vom Hause aus abgehen. Aber ich kann mehr sagen. Ich versichere, dass ich die Nachricht von dem Erscheinen des Tecben'schen Buches mit Freude vernommen, dieses selbst mit lebhafter Ungeduld erwartet und voll Wohlwollen begrüsst habe. Bei dem engen Kreise, auf das diese Studien sich beschränken, wird man die Freude ob jedes neuen Mitstrebenden ohne Weiteres glaubhaft und natürlich finden. Es war nicht meine Schuld, wenn der Inhalt meinen Erwartungen eine so schmerzliche Enttäuschung bereitete und Empörung mich übermannte, wo ich wohlthuenden Eindrücken entgegensah. Gleichwohl habe ich mein Urtheil nicht einem jüdischen Fachblatte, sondern einer streng wissenschaftlichen Zeitschrift zur Veröffentlichung überlassen, weil ich nicht eine jüdische Sache, sondern die Sache der Wissenschaft zu führen mir bewusst war und als Mensch, nicht als Jude den Schimpf zu strafen mich getrieben fühlte, der in so freventlicher Weise dem greisen Zunz angethan worden war. Ich habe mich streng an das zu richtende Buch gehalten, dessen Urheber mir persönlich völlig unbekannt geblieben ist, ohne Hass, ohne Seitenblicke, ohne offene oder gar versteckte Angriffe auf Dritte und Aussenstehende, aber auch Niemand zu Lieb und zu Danke geschrieben, denn der Einzige, bei dem man ein Interesse daran

hätte voraussetzen sollen, Zunz selber, bemerkte mir in einem
Briefe unter dem 15. Mai 1865: „Von dem Schlumiel, den Sie
erwähnen, weiss ich nichts." Ich habe auch mit keinem Worte
auf Herrn Prof. de Lagarde hingewiesen oder angespielt; der von
mir, seit ich von ihr weiss, verehrten philosophischen Fakultät
Göttingen nahe treten zu wollen, war mir vollends nicht in den
Sinn gekommen. Wer unter seinem Namen Urtheile in die Welt
schickt, hat sie allein zu vertreten; Hintermänner zu vermuthen,
in der Schrift nicht angedeutete Motive zu suchen, ist nicht
Sache der Kritik. Einen Andern als den Gezüchtigten plötzlich
für ihn eintreten zu sehen, musste mich daher etwa berühren,
wie wenn ein Knäblein, das eine fremde Wohnung besudelt
hat und dafür weidlich übers Knie gezogen wurde — zu seiner
Mama läuft, die herbeistürzt und in Keifen und Fluchen ihrer
Verantwortung für das unverantwortliche Benehmen ihres Lieblings
Luft macht.

Ich konnte auf Schlimmes gefasst sein, denn nun trat der
Goliath auf den Plan, der die Heerschaaren des lebendigen Gottes
zu verhöhnen (1 Sam. 17, 16) gewohnt ist. Schon als ich in der
Academy — was in Deutschland erscheint, erfährt man immer noch
auf dem Wege über London am frühesten — die Anzeige las, Prof.
de Lagarde habe eine Schrift erscheinen lassen: Erinnerungen an
Friedrich Rückert. Lipman Zunz und seine Verehrer, schlug mir
die Schwüle des Hasses bereits aus dem Titel entgegen, wie uns
die mephitischen Dünste so manchen Wohnzimmers würgen, wenn
wir die Thüre öffnen. Lipman Zunz. Warum Lipman? Nannte
doch der Verstorbene selber, wo er seinen vollen bürgerlichen
Namen schrieb, sich Leopold, wie z. B. Gesammelte Schriften I, 199.
Der Name ist des Trägers eigenstes Eigenthum, an das Niemand
zu rühren sich ein Recht herausnehmen darf, wie es Herrn Prof.
de Lagarde am Wenigsten unbekannt sein kann. Zunzens
hebräischer, synagogaler Name war Jomtob Lipman. Keines
dieser zwei Worte darf zu gehässigen Spässen missbraucht werden.
Jomtob bedeutet Festtag, wie in der Kirche Natalis, Pascasius,
Pascal, Pasqualina, Sabbatus Namen wurden; Lipman ist, wie
Zunz selber a. a. O. II, 40 nachgewiesen hat, ein alter deutscher
Name. Was übrigens liebevoller Sinn und echte Wissenschaftlichkeit
selbst aus wirklich anstössigen und bizarren Namen zu machen
wissen, das lehren Le Blant und Mowat Revue archéologique

N. 8. 10, 4 und 17, 354 in ihren Abhandlungen über Namen wie Contumeliosus, Foedula, Projectus, Stercorius [= קֶרֶשׁ 1 Chr. 7, 16, נְבָלָל Neh. 12, 36 ib. p. 362]. Zunz hat alle seine deutschen Schriften mit L. gezeichnet; wer den ganzen Namen schreiben will, hat dafür Leopold zu setzen; mit dem Namen eines Verstorbenen zu spielen, verbietet vollends die gute Sitte. Mag Herr Prof. de Lagarde immerhin von dem „bis in das Mark hinein undeutschen Lipman Zunz" (p. 144) reden, seinen deutschen Namen muss er unabänderlich und unverkümmert gelten lassen.

Nur zögernd und mit Widerstreben gehe ich an die Behandlung der Schrift selber. Ich habe Wochen gebraucht, um den Unmuth verrauchen zu lassen, der ob ihrer unerhörten Ausfälle in mir aufflammen musste, weil ich dem mir ehedem freundlich gesinnten Manne nicht in unwürdigem Tone antworten und mir allgemach und mühsam ins Gedächtniss rufen wollte, dass es Paul de Lagarde ist, der sich so weit hat hinreissen lassen. Mir steht die ungewaschene und ungekämmte Sprache antisemitischer Kneiplocale nicht zu Gebote, auch würde ich mich bedenken, sie gegen einen Gelehrten zu führen, der sich selber zu vergessen wohl das Recht hat, aber von Andern fordern darf, dass sie seine Bedeutung nicht vergessen. Ich muss daher über Manches in seiner Schrift einfach hinwegsehen und will, ein rechter Nachkomme Sems, die Blösse des hasstrunkenen Mannes abgewandten Angesichts bedecken. Die Judenfrage lasse ich hier ganz aus dem Spiele. Ich werde den Streit auf das wissenschaftliche Gebiet einengen, wo wir es glücklicher Weise nicht mit Vorurtheilen, gegen die kein Kraut gewachsen ist, sondern mit Urtheilen zu thun haben, die auf ihre Berechtigung geprüft und erwiesen oder entkräftet und widerlegt werden können. Nicht um Bekenntniss und Gesinnung, sondern um Wissen und Können handelt es sich hier. Es darf nicht ebenso leicht sein, jüdisches Schriftthum zu verhöhnen und zu beschimpfen, wie etwa einen Juden am Bart zu ziehen und hinter ihm her Hep, Hep zu rufen. Nicht wer am Besten schreien, am Gröbsten poltern kann, sondern wer seine Aeusserungen zu begründen weiss, kann hier allein sich Geltung verschaffen. Es wird erlaubt sein müssen, zu fragen, ob Jeder, der über jüdische Litteratur das Wort zu führen sich herausnimmt, auch das Recht hat, überhaupt hier dreinzureden, ein wenig die Zähne zu untersuchen, die so bissig dreinfahren wollen. Dass hier von

Hebräisch die Rede ist, kann meine Sache nicht schlechter machen; es führen noch nicht alle Lehrer des Semitismus ab antisemitismo ihren Titel; auch werde ich so unbefangen davon handeln, als wäre von Vogulisch oder Mingrelisch die Rede.

„Techen's Arbeit genügte allen von mir billiger Weise zu stellenden Anforderungen in hervorragender Weise: Methode, Urtheilsfähigkeit, Sorgfalt, Klarheit mussten mit vollem Lobe anerkannt werden; minima non curat praetor," so erklärt angesichts meiner Kritik über das Buch Herr Prof. de Lagarde an der Schwelle seiner Ausführungen (p. 108). Statt nun vor Allem hierfür den Beweis zu erbringen und die schimpfliche Unwissenheit, die jenem vorgeworfen wurde, als Erfindung und Verläumdung seiner Gegner aufzuzeigen, deckt er ihn zunächst mit seiner Person (p. 109) für sein Urtheil über Zunz. Diese Deckung mag sehr werthvoll erscheinen, wissenschaftlich bedeutet sie soviel als Nichts, wenn nicht Gründe, Beweise aufgeboten werden können. Statt aber die 47 Reihen Schmähungen, die Techen gegen Zunz sich herausgenommen hat, der Reihe nach zu erweisen, wird nur der Versuch gemacht, die 1½ Zeilen zu erhärten, die da lauten: „die Übersetzungen wollen wohl poetisch sein, sind es aber noch weniger als die Originale." Zu diesem Zwecke werden aus der Synagogalen Poesie von Zunz, der eben kein Dichter war, auf 13 Seiten die schwächsten Sätze und Stücke herausgerissen, auf unreine Reime — zu Dutzenden in den klassischen Erzeugnissen der Klassiker vorhanden — und fehlende Beistriche hin durchcorrigirt und mit einer Art von Witzen begleitet, deren Kaliber am Besten das nachfolgende Pröbchen kennzeichnet. Aus einem Bussgedichte des um 1100 lebenden Meïr b. Isaac aus Orleans führt Zunz 184 die Klage um das verlorene Heiligthum an:

Jetzo ohne Gemächer und Hallen,
Ohne Opfer, die meinem Gott gefallen;
Dahin das Blech,
Das des Priesters Stirn krönte,
Dahin der Gewänderschmuck,
Der meine Schuld versöhnte.

Dazu bemerkt de Lagarde p. 129: „Bei Zunz 184 klagt ein Dichter «dahin das Blech», ob er wohl Recht hat." Aber ich beeile mich, den folgenden Satz, der wie ein Chor das Urtheil des Lesers vorwegnimmt, hinzuzusetzen: „Das weiss ich, dass Eine Zeile dieser von dem grossen Zunz so trefflich verdeutschten

«Poesien» des jüdischen Volkes von einem Deutschen mit voller
Überzeugung nachgesprochen werden darf, die nämlich 183 «können
wir noch tiefer sinken?»

Wie man aber selbst mit cynischen Witzen ins eigene Fleisch
schneiden und zum Verräther an sich selber werden kann, will
ich doch auch im Vorbeigehen an diesem unerquicklichen Ab·
schnitte beleuchten. Dem Verse: uns sie auf dem Rücken breite
Furchen ziehen möchten wird p. 121 die folgende gelehrte Be·
merkung angeschlossen: „Wozu wohl diese Furchen, gramgefurchte
Gesichter kennt man wohl, aber gefurchte Rücken? Es muss ein
Palästinismus sein." Ich kann von der Thatsache Nichts abmarkten
lassen, dass Herr Prof. de Lagarde hier den Psalmvers 129, 3
übersehen hat, wo bereits das alte Israel klagt: Meinen Rücken
haben Pflügende durchfurcht, mit langgezogenen Ackerfurchen.
Es ist eben zweierlei, über die Bibel schreiben und die Bibel
kennen. Man kann Übersetzungen von Psalmen abgeschrieben
und herausgegeben haben und von sich rühmen lassen, dass man
zuerst Namen von Psalmendichtern auf die Spur gekommen sei,
und doch gegebenen Falles eines bekannten Verses sich nicht
erinnern, den man so dringend hätte brauchen können, um vor
einem unglückseligen Witze bewahrt zu bleiben.

Der 1221 verstorbene berühmte jüdische Gesetzeslehrer
Baruch b. Samuel klagt in einem Bussgedichte (bei Zunz 268):

> Wie sie die blühenden Kinder zerhauen,
> Und graben aus die Leichen!

Mit rührender Theilnahme bemerkt hierzu ebendaselbst der Kritiker:
„Weshalb die Feinde die Judenleichen ausgegraben haben, erfährt
man nicht. Waren die Feinde Leichenfledderer? Anatomen? Caer-
maks (Ebers Aegypten 253)?" Wenn Herr Prof. de Lagarde die
jüdischen Zeitschriften nicht zu dem Zwecke läse, allerlei Ge-
hässiges daraus hervorzugraben, sondern um sich zu belehren, er
hätte sich diese Fragen ersparen können. Der bekannte Lexico-
graph des Talmuds, der Römer Nathan b. Jechiel, erzählt in einem
einleitenden Gedichte, wie sein Vater mit dem Beispiel voran-
gegangen und sich nach der alten wiederhergestellten Sitte im
Leinwandkittel habe begraben lassen, weil durch den Luxus der
Sterbekleider die Leichenschänder zu ihrem Hyänenhandwerk noch
verlockt würden (Aruch ed. Kohut I p. III). Und zweihundert
Jahre später bricht in demselben Rom der Bussdichter Benjamin

b. Abraham degli Mansi in den Ruf aus: Du hast, o Gott, für die verbrannten Gebeine eines Königs von Edom (Am. 2, 1) unerbittliche Rache genommen, so sei auch der Gebeine deiner Knechte eingedenk, die Tag für Tag aus ihren Gräbern geschleift werden. Den Text hat Berliner mitgetheilt in Steinschneider's: hebräische Bibliographie 14, 61.

Was es bedeuten soll, dass p. 123 erklärt wird: „nach Paulus Cassel war Jesus ein Jude", während es Deutsche Schriften 2, 106 noch schlechthin heisst: „dass auch Jesus ein Jude war", will ich nicht weiter untersuchen.

Nachdem so der Versuch gemacht worden, Zunz und seine Übersetzungen mit den Originalen der Lächerlichkeit preiszugeben — die der Prüfung der „Treue" gewidmeten Seiten werde ich noch zu besprechen haben —, soll auch über den Gelehrten Zunz der Stab gebrochen werden. Dieses Kunststück wird auf sieben Seiten fertig gebracht. Herr Prof. de Lagarde verhöhnt den von Zunz unter den jüdischen Geographen aufgezählten Meschullam aus Volterra (p. 147), weil er: „je 76 geographische Meilen Erde auf Einem Quartblatte beschrieb", was soll man von ihm selber sagen, der — die Gottesdienstlichen Vorträge lässt er halbwegs gelten — die sieben Bände Zunz auf sieben Oktavseiten zu verarbeiten unternommen hat! Es wird Niemand einem Verehrer Zunzens die Albernheit zumuthen, ihn gegen solche Angriffe vertheidigen zu wollen; die Bastionen seines Ruhmes sind zu fest und formidabel, als dass sie von den Knallerbsen ohnmächtiger Bosheit und lächerlicher Wuth Schaden nehmen könnten. Es genügt, Äusserungen wie die folgenden anzunageln, um sie zu richten und den Beleidiger zu strafen: „Zunz hat in gröbster Weise den Thatbestand gefälscht ... Juden, die wirklich ihre Nation lieben, müssten diesen Fälscher mit Ruthen aus ihrer Mitte peitschen ... die Ausdrücke fälschen und Fälschung gelten nur, wenn man bei Zunz irgend welche Begabung für Erkennen der Geschichte voraussetzt: setzt man diese nicht voraus, so erscheint Zunz nicht als Fälscher, sondern — trotz seines Wissens — als Schwachkopf ersten Ranges" (p. 142). „Die Imbecillität des „wahrhaft einzigen Mannes" Zunz .. des von Techen kritisierten Pharisäers .. Alles Beste hat dieser Mensch nicht verstanden" (p. 144). „Der Geschichtschreiber muss freilich den Kehricht kennen, den Zunz als seinen eigenen Neigungen entsprechend zusammengefegt hat" (p. 145).

Allein es widert mich an, noch weitere Proben vorzulegen. Ob es Entschuldigung genug ist, wenn p. 111 erklärt wird: „Dass Zunz verstorben ist, ehe ich nachfolgende Blätter veröffentlichen konnte, bedaure ich lebhaft, doch liess sich mein Aufsatz nicht früher schreiben"? So rasch hat Lagarde vergessen, was Albrecht Weber 1880 ihm zugerufen hat: „Den todten Löwen an der Mähne zausen, ist kein Heldenstück" (ZDMG 34, 405, 3). Aber der Talmud (Sabh. 151b) sagt schon: Ein hülfloses lebendiges Kind kann sich die Mäuse selber vom Leibe halten, den todten Og, den Riesenkönig von Baschan muss man gegen die Mäuse schützen!

Man sollte erwarten, dass so schweren Anklagen, so verunglimpfenden Äusserungen gegen einen Mann wie Leopold Zunz wenigstens ein Schein von Begründung zur Seite stehen müsse, dass nicht unbesonnener Hass, sondern gegründete Überzeugung denjenigen geleitet haben werde, der einem verstorbenen Forscher den Lorbeer von den bleichen Schläfen reisst. Aber wie Spreu vor dem Winde, so zerstiebt und zerflattert all der Unglimpf vor der ernsten Prüfung. Wäre es ein Anderer als Paul de Lagarde, von dem diese sogenannten Urtheile ausgegangen, man müsste von erbärmlichen Naivetäten und frivolen Windbeuteleien sprechen. So kann man nur mit ihm selber sagen: „Es ist kläglich zu erleben, wie tief Hass und Hochmuth die Menschen fallen machen" (p. 158). Warum wird Zunz ein Fälscher genannt, worin hat er „in gröbster Weise den Thatbestand entstellt"? Weil er die Zionide Jehuda Hallewi's uns nicht vorführt (p. 144). Jede Ausgabe der Klagelieder des 9. Ab bringt eine Übersetzung, in alle Sprachen, in der die Juden Europas beten, ist sie übertragen, so und so viele Dichter haben an ihrer Wiedergabe sich versucht; es ist wirklich strafwürdig, dass sie nicht auch Zunz, die unbekannte Zionide, uns vorgeführt hat. Aber warum brachte er nicht „des Avicebron beste Gedichte", warum rief er nicht den alten Eleazar „in grösserem Umfange und mit besserer Auswahl zum Reden auf"? (ib.) Aber schon im Jahre 1845 hat der, wie Zunz in den Monatstagen des Kalenderjahres p. 5 von ihm sagt, „als Prediger, Übersetzer und Sprachforscher ausgezeichnete" Dr. Michael Sachs in seinem Buche: Die religiöse Poesie der Juden in Spanien S. 3—40 Übersetzungen von Gedichten Salomon Ibn Gabirol's vorgelegt — Avicebron heisst er als Philosoph bei

den Scholastikern, nicht als Dichter —, Zunz konnte sich mit
Rücksicht auf die meisterhafte Vorarbeit hier kühn beschränken.
Aber er bietet gleichwohl, wie ein Blick in die 1855 erschienene
synagogale Poesie lehrt, Übersetzungen aus Ibn Gabirol und
Eleazar Kalir, so dass selbst die Spur der Berechtigung zu einem
Vorwurfe entfällt. Unwiderstehlich erheiternd wirken Fragen wie:
„Warum nichts von Harizi? warum nicht wenigstens לכה דודי (ib.)?"
Wie aus Zunzens Literaturgeschichte der synagogalen Poesie
p. 471 zu lernen war, ist Jehuda Charisi kein synagogaler Dichter;
ein einziges liturgisches Gedicht wird ihm in einer einzigen Handschrift beigelegt. Lecho Dodi ist von Salomo Hallewi Alkabiz.
Auch haben die Deutschen wahrlich nicht auf die Offenbarung
dieses Liedes durch Zunz zu warten gebraucht, da es ihnen bereits
Herder übertragen hat. Wer übrigens Nichts von Herder und
von der Thatsache wusste, dass jedes deutsch-hebräische Gebetbuch dieses Sabbathlied enthält, der wird es wenigstens aus
Heinrich Heine's Prinzessin Sabbath kennen, dessen Memoiren
p. 302 auch eine wörtliche Übersetzung des hebräischen Textes
enthalten. Und darum, wir wissen es jetzt, war Leopold Zunz
ein Fälscher oder ein Schwachkopf ersten Ranges.

Noch unglaublicher und frivoler ist die Leichtfertigkeit, mit
der über die staunenswerthesten Leistungen Zunzens abgeurtheilt
wird. Warum ist die Abhandlung: „Die geographische Literatur
der Juden", in der dem Urheber ein vielsprachiges Schriftthum
von dritthalb Jahrtausenden wie ein aufgeschlagenes Buch offen
liegt, „geradezu schülerhaft" (p. 146)? Weil darnach „jeder
Hausierer unter die jüdischen, Odysseus unter die griechischen
Erdbeschreiber aufgenommen werden muss." An den Hausierer
wage ich nicht zu rühren, aber von einer Geographie des Homer
als einem gar ernsten und würdigen Gegenstande der Forschung
wird man schon gehört haben. Herr Prof. de Lagarde fühlt
offenbar selber, dass diese Art von Kritik nicht gelehrt genug
ist, um so bewunderungswürdigen Meisterarbeiten gegenüber ins
Gewicht zu fallen, er beeilt sich darum hinzuzufügen: „Dabei
begegnet ihm (Zunz) das Unglück 156 (93) den bekannten Pedro
Texeira für einen Juden zu halten, der als Jesuit kaum Jude
war" (p. 147). Diese Behauptung hat ein schlechtes Gewissen,
da der Nebensatz bezweifelt, was der Hauptsatz mit so viel Entschiedenheit in die Welt hinausruft. Aber einen Forscher wie

Leopold Zunz, dessen Wahrheitsliebe und Gründlichkeit ihn zu einem der ersten Meister und Muster der Wissenschaft erheben, passirt kein solches „Unglück", das selbst bei Flunkerern und Charlatanen schwer genug wäre. Lagarde hat sich eben nicht einmal die Mühe genommen, die von Zunz angegebenen Quellen nachzuschlagen. Johann Christian Wolf allein hätte ihn davor bewahren können, so ungebührlich gegen seinen überlegenen Gegner zu reden. Wolf malt sogar Pedro's Namen mit hebräischen Buchstaben, und um den Jammer voll zu machen, vermuthet Kayserling (Sephardim p. 189, Jahrbuch für Israeliten, N. F. 7, 2), Pedro sei vor seinem Tode zu . Judenthum zurückgekehrt. Mag aber selbst Miguel de Barrios, auf dessen Zeugniss Texeira's Judenthum zu ruhen scheint, falsch berichtet sein, Zunz hatte ebensowenig wie Wolf einen Grund, seine Angaben zu bezweifeln; „Unglück" hatte auch hier nur Herr Prof. de Lagarde.

Von weiteren gelehrten Ausfällen wird wohlweislich Abstand genommen, wir hören nunmehr nur noch Klagen über „Methodelosigkeit" — über solche „deutsche" Worte s. Zunz, deutsche Briefe p. 3 — und Rathschläge, wie Zunz seine Bücher hätte einrichten sollen. Leider hat der Rathgeber diese Bücher nur in der oberflächlichsten Weise gelesen; er wüsste sonst, dass von Leiden nicht auf 50, sondern auf 71 Seiten die Rede ist, dass die Piutdichter ebenso besprochen werden wie die Selichadichter; man darf eben nicht nach dem Inhaltsverzeichniss, sondern allein nach dem Inhalt ein Buch beurtheilen. Nur gehässiger Übereifer erklärt solche Flüchtigkeit. Wie hätte es sonst einem ob seiner Gründlichkeit berufenen Manne begegnen können, dass er p. 138* schreibt: „Warum Zunz 75 im Widerspruch mit 76, 2 dem Gedichte «(Joseph)» vorausschickt, weiss ich nicht: ich bitte darüber mich zu belehren." Ich schäme mich, erklären zu müssen, dass Josef als Autorname am Ende zum vorangehenden Gedichte gehört, nicht zum folgenden, an dessen Ende richtig Eleasar b. Kalir gezeichnet erscheint. Es sind sogar Studien gemacht worden, dieses grosse Räthsel zu erklären, „da (Techen Nummer 34, Heidenheim Succoth 1 Seite 214 M. Sachs⁶ 5 Seite 361 ergeben nichts) Zunz auch in der Literaturgeschichte Seite 59 und Herr Berliner noch 1684 Eleazar als Verfasser ansehen." Das nennt man gründlich flüchtig! Was soll man aber vollends von Behauptungen sagen wie die folgenden: „die unehrenhafte Vermeidung aller

Citate aus Fürsts Orient, der so belebrend gewirkt hat, scheint aus persönlichem Hasse zu stammen, an welchem bei Zunz und seines Gleichen nie Mangel ist" (p. 148). Quis tulerit Gracchos de seditione querentes, wird man ausrufen wollen. Aber auf den Frevel, der hier geschehen ist, passt kein Citat. Die verblüffende Bestimmtheit, mit der diese Verläumdung vorgetragen wird, muss unbedingt den Glauben erwecken, dass wir hier einer unzweifelhaften Thatsache gegenüberstehen. Aber es ist kein wahres Wort daran. Die synagogale Poesie allein weist, wie ich bei der Prüfung dieses Vorwurfs zu meinem Staunen wahrnahm, an wenigstens zehn Stellen Citate aus dem Literaturblatt von Fürst's Orient auf (p. 21a, 43b, 65a, 84a, 115b, 117d, 121c, 216f, 352b, 357a); ebenso verhält es sich mit der Literaturgeschichte. Es gehört ein trauriger Muth dazu, so leichtfertig und aufs Gerathewohl hin zu verläumden und anzuklagen!

Aber wie soll ein Mann über synagogale Poesie gehört zu werden verdienen, der das Sätzchen niederschreibt (p. 149): „Leiden" sind keine „Poesie". L. Zunz, der, wie es Zur Geschichte p. VI heisst, ein Kunstarbeiter, kein Notizenjäger war, hat mit der Intuition, die ihm eigen gewesen, die Nothwendigkeit erkannt, den Boden zu beschreiben, in dem die jüdische Poesie des Mittelalters aufgegangen ist, in Dichters Lande uns zu führen, den Krystall mitsammt der Mutterlauge, in der er angeschossen, zu zeigen. Er, der wie Keiner vor oder neben ihm den Sturm der Seufzer begriffen hat, der aus jenem Schriftthum jedem fühlenden[1]) Menschen entgegenbraust, der tiefer als Einer in die Thränenfluth niedergetaucht ist, die man synagogale Poesie nennt, er hat das Bedürfniss empfunden, den Jammer, aus dem heraus so viel Seufzer und so viel Thränen allein verständlich werden, anschaulich zu machen und die herzergreifenden Thatsachen, die all die Klage hervorgerufen, im Überblick an uns vorüberziehen zu lassen. Mit einer Gelehrsamkeit, der Alles gegenwärtig ist, mit einer wortsparenden Kürze, der es auf das Wesentliche allein ankommt, mit einer anspruchslosen, die Ergebnisse allein vorlegenden Beschränkung und wahrhaft vornehmen Ruhe wird Zunz hier zum Chronisten,

---

[1]) R. Jaïr Bacharach sagt von diesen Poesieen, dass ob ihrer selbst ein Herz von Stein zerfliessen müsse (מית יאיר f. 222b Z. 3 v. u.): והנה ידח חיל ונפש את לבו ולא יהיה ברזל ומצב אבן יאם בטב

zum Geschichtsschreiber seiner Glaubensgenossen, der die schwarzen Tage in ihrem Kalender verkündet. Leiden und Selicha hängen zusammen wie Blitz und Donner, wie Schmerz und Thräne. Herr Prof. de Lagarde verhöhnt mich p. 144 als Asiaten. Wahrlich, ich will lieber ein Asiat und ein Wilder heissen, wenn es europäisch sein soll, die Schmerzen zu bewitzeln, die Jahrhunderte lang durch die Seele eines Volkes gerast haben und dem Manne, dem die Wissenschaft für die Geschichte jener Leiden und Poesieen in ehrfürchtiger Verehrung verpflichtet ist, damit zu danken, dass man von dem „unfreiwilligen Kladderadatsch des «Doktor» Lipman Zunz" (p. 144) redet. Es schmerzt mich, einen Mann vom Range Paul de Lagarde's seinem eigenen Herzen und Geiste so nahetreten zu sehen. Wie fremd und unkundig muss er aber auch allem, was synagogales Leben und Schriftthum heisst, gegenüberstehen, wenn er, der sonst einsame Bahnen zu wandeln selbstständig genug ist, nur die ausgefahrenen Geleise der Anerkennung für die Gottesdienstlichen Vorträge trottet und das weit bewunderungswürdigere Buch: die Ritus des synagogalen Gottesdienstes zur Belehrung „in der lächerlichsten Weise ungeeignet" erklärt (p. 154). Grillparzer hat den Schlüssel solcher Erscheinungen geliefert in dem Sinngedicht:

> Hat dir Schiller gefallen,
> Theilst du die Gabe mit Vielen und Allen,
> Doch wenn du Goethe liebst,
> Empfängst du nur, weil du giebst.

Der Vertheidigung Techen's erinnert sich Herr Prof. de Lagarde noch rechtzeitig vor dem Schlusse seiner Schrift. Er verschweigt mit liebevoller Stille Alles, was ich über die Unfähigkeit seines Jüngers in den Altersbestimmungen seiner Handschriften vorgebracht habe; von all den unglaublichen Absurditäten, die allein schon das Recht mitzureden Herrn Techen benehmen, erfährt man aus der „Vertheidigung" kein Wort. Wenn er über den Ritus seiner Handschriften sich ausschweigt, so „hätte das jeden andern als die drei Juden darüber belehrt, dass er nicht Liturgiker sein will" (p. 153). Mit Verlaub, mit der Wahrheit muss es auch ein Vertheidiger streng nehmen. Nicht am Willen fehlt es; er will von p. 9—17 die Liturgie beschreiben und Zunz hofmeistern. Dabei passiren ihm ja eben die gottesjämmerlichen Schnitzer, von denen ich einige aufgespiesst habe. Aber Techen ist unangreifbar.

Wenn ich sage, dass jeder Luschleser über die Räthsel, die er
wie blöde anglotzt, Aufschluss zu geben im Stande ist, so wird
mir p. 154 die Antwort, „dass ein studiosus philologiae aus
Wismar über die Geheimnisse, die einem jüdischen Kalendermacher
zu Gebote stehen, nicht verfügt" und „ich habe nie Judenkalender
herausgeben wollen." Das ist, als ob einer, dem man vorwirft,
dass er Theben bei Pressburg — allerdings druckt Symmicta p. 232
Herr Prof. Paul de Lagarde, kein Franzose: „die serbische
Stadt Fünfkirchen" — mit dem alten hundertthorigen Theben
verwechselt habe, worüber der kleine Daniel belehre, die schlaue
Erwiederung zum Besten gäbe, er wolle keinen Daniel herausgeben. Aber Etwas in aller Welt muss man doch sein oder
können oder „wollen" wollen, wenn man Doktor werden will!
Es ist auch keineswegs selbst für einen christlichen Theologen
gleichgültig, was ehemals die Fasten am Montag und Donnerstag
bedeuteten und was heute: „der zweite, fünfte, und zweite" besagt. Aus Zunz, Ritus p. 123 war zu lernen, dass Lucas 18, 12
wohl jene beiden Tage bezeichnet, über die wir durch Bryennios'
kostbaren Fund so unerwartete Belehrung gefunden haben. Lasst
Euere Fasten nicht mit denen der Heuchler zugleich sein, sagt
die neue Apostellehre (ed. Harnack p. 48) VIII, 1, denn sie
fasten am zweiten Tage der Woche und am fünften[1]), ein Mischna-
text gleichsam, zu dem die Ausführung in den apostolischen
Constitutionen VII, 23 sich nach Taylor's Bemerkung (the teaching
of the twelve apostles p. 59) wie die Gemara verhält. Als einzige
Aufgabe Techen's wird es p. 153 hingestellt, dafür zu sorgen,
dass man „bequem" ersehe, für welche religiöse Poesieen seine
Handschriften zu benutzen seien. Ich habe nun den Nachweis
geliefert, dass diese Mittheilungen die ärgerlichsten Lesefehler
enthalten. Wenn als einzige Aufgabe dieser Arbeit übrig bleibt,
den Beweis zu erbringen, dass der Urheber Hebräisch lesen und
schreiben könne, dann wird man doch wenigstens diesen Beweis
strikt erbracht zu sehen fordern dürfen. Der Vertheidiger ist
anderer Meinung. „Wenn ich «Nun ruhen» lese, so fällt mir
«Nun ruhen alle Wälder», wenn «Nun rufen», so fällt mir «Nun
rufen die Trompeten» ein, weil ich die Lieder kenne, deren Anfang
bezeichnet werden soll: wenn ich kein Deutscher wäre, und eine

---

[1]) Vgl. Ph. Meyer, Jahrbücher für protestantische Theologie 1886, 391 f.

abgeriebene erste Seite eines 530 Jahre alten Codex nur der
Vollständigkeit halber abzudrucken hätte, würde ich mir gar
nicht so arg übel nehmen, in den Anfängen „Nun rufen" „Nun
ruhen" „rufen" in „ruhen" und „ruhen" in „rufen" verlesen zu
haben" (p. 155). Ich bedauere, die lavendelölartige Sanftheit dieser
Darstellung bestreiten zu müssen. Wenn ich Nichts weiter aus
einem Buche lernen soll als die Anfänge von Liedern, die darin
erwähnt werden, dann wird selbst in solchen Kleinigkeiten, hier
der einzigen Hauptsache Genauigkeit zu fordern sein. Aber nicht
ruhen und rufen ist verwechselt; es ist bedenklicher, wenn statt:
Nun rufen etwa Nur Kühe als Anfang mitgetheilt wird, und was
soll man, da man nicht deswegen nach Göttingen reisen kann, mit
einem Gedichte anfangen, als dessen Anfang statt etwa: „Du lieber
Stern" du schiefer Kerl angegeben wird. Ich habe meine ganze
Beweisführung auf die Wahrnehmung gestützt, dass Techen's
Buch musterhaft gedruckt und corrigirt ist; ich werde jetzt
belehrt (p. 155), lauter „Druckfehler eines zum ersten Male
Druckenden" vor mir zu haben. Wie Recht ich aber gleichwohl
hatte, in den „Druckfehlern" die Beweise blind nachmalender,
ohne Verständniss des Inhalts tastender, von aller Sachkenntniss
verlassener Unbeholfenheit zu vermuthen, beweist zu meinem
eigenen Entsetzen die folgende Vertheidigung (p. 155): „und dabei
durfte כְּמֹצְאֵי מְנוּחָה — „wie Leute, welche Ruhe finden" einem
Studenten noch ebenso glaublich scheinen wie בְּמֹצָאֵי מְנוּחָה
(= כְּמֹצְאֵי) — „als ich Ruhe fand" — ich füge hinzu: einem
Professor. Wenn je einem Schreibenden ein „Unglück" begegnet
ist, so ist es dies. Ich bekenne, dass ich ohne diese seine völlig
überflüssige Übersetzung geglaubt hätte, Herr Prof. de Lagarde
wisse, was diese zwei hebräischen Worte auf deutsch bedeuten.
Der holde Wahn ist zerrissen; er ahnt es nicht einmal. מוצאי
מנחה — Moze Sabbat ist, wie jeder „Hausierer" weiss, der Ausgang des Ruhetags, Sabbat Abend oder Sonntag. Wir besitzen
sechs Lieder, die mit dem Unglücksworte anfangen: 1) Am ersten
der 10 Busstage wird Sonntag Morgens der Bussgesang angestimmt:
כמוצאי יום מנחה (Zunz, LG. 224), 2) ein Lied für den Sabbatausgang von Benjamin b. Abraham במוצאי יום מלוכה (352), 3) des-
gleichen von Liebermann Sofer: במוצאי יום שבת קודש (432), 4) „von
Jakob Chasan: במוצאי יום מנוחה (465). 5) „von Abraham [Ibn
Esra]: במוצאי יום מכובד (542). 6) „für den Sabbatausgang vor

dem Neumond am Sonntag: קדש יום בְּמוֹצָאֵי (560). Der Plural
des biblischen מוֹצָא, das Aufgang und Osten bedeutet, wird in
der Mischna im Sinne von Ausgang (oder der folgende Tag) gebraucht, aber auch die Dichter gebrauchten מוֹצָא für Ausgang,
מוֹבָא (Ez. 43, 11) für Eingang oder Abend und Morgen, wie Ibn
Esra im Divan N. 203: מוֹבָא וְעֵת מוֹצָא לְעֵת und in der erwähnten
Habdala: בְּמוֹצָאֵי יום מְכֻבָּד בְּמוֹבָאֵי יום מְעֻבָּר. Der Gebrauch des
Wortes ist so bekannt, dass Levy vergessen hat, es in seinem
talmudischen Wörterbuche anzuführen, wo es nur noch in den
Nachträgen eine Stelle gefunden hat. Statt „als ich Ruhe fand"
muss also Student wie Professor übersetzen: „Am Ausgang des
Sabbat."

1582 habe ich bereits in der Inhaltsübersicht zu S. D. Luzzatto's
Briefen mitgetheilt, dass ich meine Nachweisungen aus Zunzens
Literaturgeschichte einem Index verdanke, den Herr A. Gestetner
vorbereitet. Herr Techen hätte sich also nur an das genannte
Orakel zu wenden brauchen, das ich keineswegs, wie man sieht,
als arcanum behandelt habe und das thatsächlich seither auch
Andern als mir behülflich gewesen ist. Es wäre übrigens noch
einfacher gewesen, solch einen Index zu Zunz sich selber anzulegen,
da man dann auch das lächerliche Herumrathen und die ver-
zweifelte Jagd nach Akrosticben, die längst bei Zunz festgestellt
sind, sich erspart hätte. Diese meine Anklagen, wie z. B. die
Erfindung eines Dichters Salomo b. Samuel, hat die Vertheidigung
mit dem Mantel der Liebe zu bedecken für gut gefunden.

Da er Techen nicht vertheidigen kann, greift der Meister
meine Augen an, die sich auch manchen Druckfehler haben entgehen lassen. Ich lasse das gerne gelten und würde überhaupt
den eklen Streit um Druckfehler ruhen lassen, wenn nicht einzelne
Bemerkungen eine entschiedene Zurückweisung herausforderten.
So wenn p. 156 behauptet wird: „Etwas anderes aber als ein
Irrthum ist es, wenn Herr Kaufmann 139 עוּרִי הַעֲלֵה mit Daleth
als Techen's Lesung angiebt, um diese dann in צוּר הַעֲלֵה — צְרִי הַעֲלֵה
zu verbessern." Wer meine Worte liest, wird sehen, dass ich nur
צוּרִי als — צְרִי habe erklären wollen, צוּרִי bei mir nur ein Druckfehler ist. Dies muss auch Lagarde gesehen haben, und doch
wagt er zu behaupten, dass ich „den Fehler erst selbst in Techen's
Text hineingelesen" habe. Was übrigens das Judenthum mit
meinen schwachen Augen zu thun hat, ist mir unerfindlich; für

das, was mir wie Techen entgangen ist, werde ich nämlich mit dem Orden bedacht: „Herr Kaufmann (Jude . . .) hat das so wenig gemerkt wie Techen." Ich fühlte mich bei dieser Bemerkung in die sonnigen Tage der Kindheit versetzt, da es mir — auch damals bereits nur von vereinzelten Vertretern der Strassenjugend in meinem mährischen Heimathsstädtchen geschehen konnte, Jude nachgerufen zu bekommen.

„Etwas anderes als Irrthum" soll ferner (p. 156) dasjenige sein, was ich über das „ungrammatische Laienhebräisch" der von Techen mit so erheiterndem Ernste unerklärlich gefundenen „Subscription" bemerkt habe. „Ist übrigens", so werde ich heimgeschickt, „ein Mann der sich ה — Rabbi nennt, Mitglied des Laienstandes? gibt es überhaupt in Israel einen Laienstand? oder nicht vielmehr eine Rasse, die als solche gesegnet ist, eine Kaste von Leviten über der Rasse, und eine Ober-Kaste von Cohns über der Kaste?". Der „Mann, der sich ה — Rabbi schreibt", verdient seine Unsterblichkeit. Dieses Sätzchen gehört wieder zu der Brut, die sich wider den Erzeuger kehrt. Was weiss Herr Prof. de Lagarde von Israel und seinen „Kasten", wenn er annimmt, ein Jude habe sich selber jemals Rabbi unterschrieben! Natürlich meinte ich, ein halbwüchsiger Bachur oder Student, der mit der hebräischen Grammatik nicht vertraut war, habe auf das Machzor des Josef und Rumolt aus Kirchheim deren Eigenthümerschaft „gekritzelt." Wenn ich sage, Techen ist ein Laie im Hebräischen, so wird doch Niemand mir unterstellen wollen, ich nähme auch Leviten und Kohanim der Unwissenheit an.

Völlig verkehrt ist es auch, wenn p. 157 auf den Vorwurf, Techen melde zuweilen, ein Gedicht sei in seinen gedruckten Vorlagen nicht zu finden, während es gross und breit daselbst zu lesen steht, geantwortet wird, dass es ja eine Unzahl von Machzorausgaben gebe. Auf die Zahl der Ausgaben kommt es nicht an; wenn sie denselben Ritus wie die Codices enthalten, dann müssen sie eben übereinstimmen, oder die Gründe der Abweichung müssen sich nachweisen lassen.

Willig und mit reumüthiger Beschämung bekenne ich dagegen, N. 106 und 323 übersehen zu haben, dass Techen seine gedruckte Vorlage angiebt, dass סבות für סכות und ואחימה für ואיימה also möglicher Weise Druckfehler sind; da Nichts übersetzt wird, so

kann in jedem Falle das asylum ignorantiae, der Druckfehler
Unterschlupf gewähren. Ich habe Techen die beschämendsten und
gröbsten Verstösse nachgewiesen, die sein Vertheidiger, da er
meine Kritik nicht abdruckt, verschweigen zu dürfen glaubt.
Auf ein paar Jämmerlichkeiten mehr brauchte es mir wahrlich
nicht anzukommen; der Anwurf wissentlicher Unwahrheit richtet
sich selber; ich schleudere ihn als eine ebenso dreiste als
leichtfertige Unterstellung einfach zurück. Um aber selbst die
Schnitzerliste, die ich vorgeführt habe, Nichts an Gewicht ein-
büssen zu lassen, warte ich mit fünf neuen auf; es ist leichter,
dem Herakles seine Keule zu entwinden, als in der Arbeit Techen's
nicht neue Böcke zu erjagen. N. 129 finden wir מאן מנחה אי.
Das kann kein Mensch verstehen; es muss מאן אמנת [— אימנתה]
gelesen, d. h. geschrieben werden. Hier kann ich auch den so
bequemen Rückzug in das bekannte Asyl abschneiden. Nach p. 25
hat Techen die von Zunz dem Binjamin b. Serach zugeschriebenen
Bussgedichte gekannt; er hat also auch p. 241 N. 26 מאן אמנת gefunden, aber Nichts damit anzufangen gewusst, da er sein מנחה אי
eben nicht verstand. Er weiss daher auch nicht, dass er ein Gedicht
Binjamin b. Serachs vor sich hat. N. 369 lautet trotz Heidenheim:
ליהם הלילוהה; es muss ליהם הה הלילו הלילי heissen. Man wird doch billig
fordern dürfen, dass ein Piutforscher einen Bibelvers wie diesen
Ex. 30, 2 nicht verballhorne; auch ein Klagelied Mose b. Nachmans
zeigt nach Zunz LG. 476 diesen Anfang. Was soll man N. 396
anfangen mit: ירדעי שה בכור נשם? Es muss natürlich heissen בכר
נשם „mit Seelenreinheit", wie aus dem Ritus von Polen zu ersehen
ist. Das Gedicht ist auch in Berliner's Magazin 11 (אוצר טוב p. 10)
abgedruckt, dort kann ein Blinder sehen, dass in der ersten Strophe
sowohl, wie in den Anfängen der Strophen überhaupt, also zweimal
Jakob gezeichnet ist; das war auch aus Zunz 560 zu lernen;
Techen weiss Nichts davon; seine Beschreibung lautet: „ fünf
abschnitte, in dem je ersten worte der ersten vier abschnitte ist
יעקב gezeichnet, im fünften abschnitte nichts". N. 430 lautet trotz
Landshuth 264: כבודו אפר und, wie ich hinzufüge, Zunz 487:
כבודו אפור. N. 560 heisst trotz Heidenheim: תרנלתה אמוסים unverständlich für עמוסים 'ח. Wenn hier ע mit א verwechselt wird,
so bietet N. 505 ע statt א; שאלו שחקים erscheint nämlich in der
Form שחקים שעלו, ein Druckfehler, vor dem schon die alphabetische
Anordnung Techen hätte bewahren können. Ich bemerke, dass

diese neuen Fehler sämmtlich „zusammenhangenden Texten", wie
Herr Prof. de Lagarde p. 155 es fordert, entnommen sind. Ich
gebe ohne Weiteres zu, dass alle diese Schnitzer blosse Druckfehler sein können; hierüber kann auch nur Gott, der Herz und
Nieren prüft, Entschiedenes wissen. Aber ich muss eine Vertheidigung zurückweisen, die da erklärt: „Ich verlange auch von
einem Studenten nicht, dass er sich mit allen möglichen Machzorim
vorsehe, um unter Verlust vieler guter Stunden zu lernen, ob in
solchem Verzeichniss בםאןו oder כמעאור zu lesen ist, wie ich
unserer Universitätsbibliothek den Ankauf noch weiterer παμπήλια
dieser Art nicht zumuthe, die kein Mensch je ansehen würde"
(ib.). Jeder anderen Wissenschaft gegenüber würde solche Sprache
nicht gewagt werden, man darf also auch mit Fug verlangen, dass
sie unterbleibe, auch wenn es das jüdische Schriftthum gilt. Wer
in einer Disciplin mitreden will, hat die Pflicht, sich darüber zu
unterrichten. Verachtung kann Unwissenheit nicht entschuldigen.
Wer verlangt es von Euch, dass Ihr meine Vorhöfe zerstampfet,
ruft Jesaias. Möge Herr Techen weiter „in allen guten Stunden"
vor der jüdischen Litteratur bewahrt werden, aber sie hat wahrlich
nicht seiner bedurft. Wem ist auch mit solcher Mitarbeiterschaft
geholfen? Die Christen führt sie irre, bei den Juden erregt sie
Gelächter. Hass und Verachtung sind unfruchtbar vom Hause
aus; Euripides hat Recht, jegliche Tüchtigkeit erfordert die Hülfe
der Liebe.

Summa summarum ist also bewiesen worden, dass Techen
zwei Druckfehler, die ihm vorgeworfen wurden, leicht hätte ver-
meiden können. Alles Übrige ist stehen geblieben oder gar nicht
berührt worden. Herr Prof. de Lagarde nennt eine Kritik ver-
ächtlich, „die das Wesentliche eines Buchs, das Wesen eines
Menschen aus Hass beschweigt" (p. 160): was soll man von
einer Vertheidigung sagen, die über alles Wesentliche eines
Angriffs, den Kern der Anklagen hinwegsieht, wissentlich hinwegsieht und dann thut, als ob nun alles wieder in bester
Ordnung wäre.

Aber ich kann bei dieser Selbstvertheidigung nicht stehn
bleiben. Herr Prof. de Lagarde hat sich nicht dabei begnügt,
seinen Jünger zu decken, sondern ist zum Angriff auf die synagogale
Poesie des Mittelalters und auf ihren grossen Kündiger Zunz über-
gegangen. Von einem Gedichte des ehrwürdigen Talmudmeisters

und Philosophen Isak Ibn Gajját aus Lucena wird p. 140 gesagt: „Verübt von «Isaac Giat»" und ebendaselbst: „Zunz lässt eine für den Gottesdienst bestimmte „Dichtung" als Parodie eines Kneipgesanges auftreten." P. 142 blüht der Satz: „Dass die meisten dieser «Dichtungen» nicht in den Gottesdienst, sondern lediglich in eine Bierzeitung gehören, ist wenigstens mir nicht zweifelhaft. Ich finde für Leute, die diesen Unrath bewundern, keinen Platz in Deutschland." Herr des Himmels! es sind Gedichte Juda Hallewi's und Ibn Esra's darunter. P. 155 kennzeichnet den Unrath noch näher als eine «Poesie», von der ich aufs Gerathewohl nur auf die Lachmuskeln oder den Vagus wirkende Proben ausgewählt habe." Und p. 159 spricht von dieser Poesie als von etwas, „was uns, wie jene von Zunz übersetzten Gedichte des Mittelalters, und wie Zunzens Übersetzung selbst, entweder mit unauslöschlicher Spottlust oder mit Ekel erfüllt." Was ich empfunden habe, als ich diese Sätze las? Das ist die Sünde der bösen Zunge, wie sie auf allen Blättern der altjüdischen Litteratur nicht abschreckender geschildert wird. Oder wie es Matthäus 12, 31 heisst: Jegliche Sünde und Lästerung wird den Menschen vergeben werden, aber die Lästerung wider den Geist wird nicht vergeben werden. Ein sittlicher Mann, der da weiss, dass seinen Worten Glauben geschenkt wird, hat tausendfach die Pflicht, in seinen Äusserungen und Urtheilen von der Wahrhaftigkeit und Besonnenheit allein sich leiten zu lassen. Es besteht nun einmal das Vorurtheil, jeder Lehrer der semitischen Sprachen, der kaum neuhebräisch lesen kann, sei befugt, über jüdische Litteratur sich auszusprechen, man wird also auch diese Beschimpfung der synagogalen Poesie Israels gläubig aufnehmen und sich auf die Autorität de Lagarde's berufen, der es ja wissen müsse, was von diesem Schriftthum zu halten ist. Um Unkundigen, die kein eigenes Urtheil haben, diesen Wahn zu benehmen und Behauptungen den Credit zu entziehen, der in Wahrheit im umgekehrten Verhältniss zu der Entschiedenheit stehen müsste, mit der sie vorgetragen werden, wird es zur Pflicht, öffentlich den Nachweis zu führen, dass Herr Prof. de Lagarde die jüdischen Poesieen des Mittelalters nicht übersetzen kann und daher nicht versteht und dass er nicht genügend vorbereitet ist, um auch nur der Schüler des Mannes zu sein, dessen wissenschaftliche Ehre er über das Grab hinaus zu verfolgen sich nicht gescheut hat.

Das Material zu meiner Beweisführung entnehme ich der Übersetzung von fünf Gedichten, durch die den angeblich so geschmack-
losen und untreuen Übertragungen Zunzens eine Folie bereitet
werden soll. Da man von einem redlichen Manne voraussetzen
muss, er werde seine Texte nicht wissentlich Schiefes und Un-
sinniges aussagen lassen, so bin ich gezwungen anzunehmen, dass
sie unwissentlich, d. h. weil man es nicht besser gewusst hat, schief
und unsinnig aufgefasst wurden; Böswilligkeit und absichtliche
Entstellung sind von vornherein hier ausgeschlossen, es kann also
nur Unkenntniss und das Unvermögen, das Richtige zu finden, für
all die entstellenden Schnitzer verantwortlich gemacht werden,
die uns auf 11 Seiten (131—141) hier begegnen.

Gleich der erste Schritt ist verhängnissvoll. Es handelt sich
um das bekannte Gedicht: ישן אל תרדם Jehuda Halewi's oder, wie
es hier heisst, „von Jehûdo dem Leviten." Wir erhalten an der
Schwelle die folgende köstliche Belehrung: „Das Gedicht ist, was
Zunz und Berliner nicht merkten, unvollständig: die Strophen
sind durch den Kehrvers geschlossen, wir haben von יהודה jetzt
nur יהו, sonst לה: mithin fehlen רה und י, während לה nicht in
der richtigen Ordnung stehn; was jene Männer ebenfalls nicht
merkten." Das heisst zu Deutsch: Vier Strophen fehlen, 2 sind
auf den Kopf gestellt. Und das soll Leopold Zunz nicht gemerkt
haben, vor dessen Scharfblicke die verschlungenste Namenszeichnung in einem Gedichte sich nicht verbergen konnte,
der die Gesetze des Akrostichons in der synagogalen Poesie
(p. 106—112) in unübertrefflicher Vollkommenheit uns erschlossen
hat. Aber hier ist Unglaubliches geschehen. Auch wir können
mit Lagarde sagen: „Dazu hilft uns Herr Abraham Berliner"
(p. 129), der in seinem Büchlein Synagogalpoesieen p. 61 statt
ול אשר die Leseart לאשי aufgenommen hat. Während aber jeder
halbwegs Bescheid Wissende, wenn er statt des Akrostichs Jehuda,
das er erwartet, JEHULA antrifft, sofort den Anstoss des sündigen
L hinweggeräumt haben würde, schlägt Lagarde das Gedicht in
Trümmer und kehrt unterst zu oberst. Das Richtige hätte ein
Blick in so bekannte Schriften wie S. D. Luzzatto's כבא p. לב
und M. Sachs, religiöse Poesie p. 308 n. 1 gelehrt. Aber Herr
Prof. de Lagarde, der zwei Psalmendichter Pedabja und Pedahel
(ψ 25 u. 34) entdeckt haben will, eine Art von Kunststücken freilich,
um derentwillen ein Jude im Mittelalter nicht einmal aus seiner

Anonymität[1]) heraustrat, hat nun einmal mit jüdischen Akrostichen entschiedenes Unglück. In seiner Ausgabe Prophetae chaldaice giebt er p. 491 ohne Fragezeichen נרשם als Dichter eines aramäischen Stückes an, das gross und breit den Namen משלם an der Stirn trägt, und ebenso, jedoch mit Fragezeichen p. 492 שמעון, wo שלמה חזק nicht zu verkennen ist, wie Bacher bei Ziemlich in Berliner's Magazin 12, 54 n. 33 gezeigt hat. Aber auch יחי אמן p. 491 bedarf der Berichtigung. Wer aus Meschullam Gerschom, aus Salomo Simeon macht, der muss freilich eigene Methoden für die Erkennung der Akrostiche kennen, die denn auch bei dem Jünger bereits zu den belustigendsten Erfindungen geführt haben.

Dieses erste Gedicht der Auswahl ist nach der Art Juda Halewi's von einer Schlichtheit der Sprache, dass ein mit den Elementen des Hebräischen nothdürftig vertrauter Schüler es so

---

[1]) Die Äusserungen über akrostichische Namenszeichnung und metrische Verse in der heiligen Schrift entnehme ich cod. Berol. Oct. 243³, dem Schlusse einer anonymen grammatischen Schrift, die um 1230—1250 verfasst zu sein scheint, wie Steinschneider, die Handschriftenverzeichnisse der kön. Bibliothek zu Berlin 2, 55 annimmt. Ich habe nur die Angabe der Bibelverse und die litterarischen Hinweisungen dem Texte hinzugefügt:

ומיחדי וקשר והנוח והנוה הנבראים והכתובים אם יבא אדם להדרים ולח שם לכל תרברים על
הריקונה הנצונה (S. Zunz, Syn. Poesie 401) והאתחות וקפתוחה הקשובה והסבוקות
וסיבר התנאי ומקיפי ותנואי כי הוא שבו בצא יקלח הדבי לקנץ גדול וכה תמכום הקולאים וקרשב
וקוניהם קשרים והתווה וחזבה שבר בקץ שאל החבם (!) איךה שארץ וההבה בני ים
(Job 11, 9) ואביו קיה אפ תחח ייל תשיאה (Ps. 19, 8) שלשר שאן וחרח בל רבר שן
התכסוה תצלאות וחפי שסלאבת השד ואשי קן שלאנב הפיבבה. הכל שורחדים בתבה כבו שאנה
וחור אדאה בילה חבמנים אצי (Ps. 119) שבל קרים רסנים אותיות שוחי' בו לבל אחד שבה
קסים וקן כבו קרשים הפיפמנים ושתאה בו אחר שמו בפיחשו בך הפאמנו פרדם בדבי הגביאים
בבו שאשל אשי דב ילחחס יתוס (Hos. 14, 4) שהא בסם אבי בהאלח התיבה וקן לבי לתנץ
לאח לי ל (Cant. 8, 1) שהא בסם סיבאל וקן שם הנבנר בשד אסף (Ps. 50, 1) כבו
שאבו' לשבו לחבא אגבל האין (Jb. 96, 11) וקן דק דתה נבבא בו ביותר כבו שאשל יהי
ריל אלינו עבנו באשר היה כה אבוחינו אל יבובו חבל שבנו (1 Reg. 8, 57) וקן לבה תחבנו
יי שרדיך הקבוה לכו פירשנו • איב לשם עבוק שבבי נחיתן (Jes. 65, 17) הרבה בהם עד
לאין שבר (Ez. 17, 5) ... וקן הנבשריאות כמו שאשו' שרה שיך (a. 10, 275f.) הבולח
שהיא נבשרא וחשלב וקן רחם חבור (Hab. 3, 2) • שהא על רוד נוסחיקן • סבלח רחם הוא
אבורם אבינו • וקן שבר (Jer. 25, 26) היא בבל לי רוק אחבם וקן הבסקל (סלאבת השד
(Gen. 43, 10) וקן (p. 15 הבסא בו כבו שראסי בי לולא התרהבהבר בי קדה שבנו זה פקסים
אם יח או יוסקי קירסו לא יקבי' כי כסו הוא (Ex. 21, 21) אלה בתווה אבל בהלים שדה לי
בי גרהי פסק שבנהי קם אהל קרו (Ps. 120, 5) ובכסלי רש וקשר אל הכן לי יהודאגי לחם חקי
(Prov. 30, 6) וקן שאר רי הורי הדברים שאין כום חשבה שהא נבדדה תבונה ספנה' ואמם
גחר תאנה יהבל אריה' כי קן חיים היא לבחהיקם באח ותופכיה בה וחובבשיה שאחר בחלי'בא [= ברך רויב
הלא לקבוה בר שבהיה].

obenhin verstehen kann. Gleichwohl reicht ein Handwörterbuch
des A. T. nicht für eine Übersetzung desselben aus. In dem
Dichter lebt die gesammte Tradition seines Volkes; er gebraucht
das Bibelwort, wie es die Rabbinen gedeutet und gefärbt haben;
nur der wird ihn begreifen, der zugleich die Obertöne jener Be-
ziehungen und Anspielungen mitschwingen und miterklingen hört;
„wer den Dichter will verstehen, muss in Dichters Lande gehen."
Ohne diese Vorbedingung kann ein Übersetzer wörtliche Treue
erreichen und eine Caricatur des Sinnes liefern, wie es Herrn
Prof. de Lagarde in der That begegnet ist. Die Verse:

וַהֲבֵם אָהֳלֵי מְרוֹמִיו
חֲלָיִים בִּזְרוֹעוֹתָיו

wird Keiner, der auch nur b. Chagiga 12 b gelesen hat, so übersetzen: „Und blicke auf seine hohen Zelte, die durch seine Arme
aufgehängt sind." Die Kenntniss von Zunzens arg beschimpfter
Synag. Poesie hätte das Richtige lehren können. Dort findet sich
p. 483—485 eine jener klassischen [1]) Zusammenstellungen, die jeder
Kenner bewundert, über den Typus: „Gott trägt die Welt im
Arme" in der jüdischen Litteratur. Schlimmeres begegnet erst
v. 22. Der Dichter räth, den berühmten Frommen zu folgen:

אֲשֶׁר בִּלְשֹׁנָם תְּהִלּוֹת
וְאֵין חֹכֶם חַךְ וּמִרְמוֹת.

Dies wird so übersetzt: „auf deren Zungen Psalmen waren, und
in deren Mitte kein Betrug und keine Gaunereien" und p. 133***
also erklärt: „Der Dichter will sagen: Ihr beschäftigt euch, o
meine Stammesgenossen, mit Betrug und Gaunereien, während
denen, derer ihr euch rühmet, ganz andere Dinge am Herzen
lagen: diesen Ahnen solltet ihr nacheifern." Dies soll Juda Hallewi
haben sagen wollen! Wenn Goethe Recht hat mit dem Spruche:
Mitgetheiltes aufnehmen, wie es gegeben wurde, ist Bildung und
Böckh mit seiner Erklärung der Philologie, so ist diese Übersetzung ein Hohn auf Bildung und Philologie zugleich. Leider hat
aber Herr Prof. de Lagarde die Worte nicht übersetzen können und
„alles Schönste", wie er sagen würde, nicht verstanden. חֻכָּם heisst:
ihr Inneres und darauf beruht das herrliche Wortspiel: וְאֵין חוּךְ בָּם

---

[1]) P. 129 spottet Lagarde über die Bezeichnung der synagogalen Poesie
als eines „klassischen" Buches, als ob es Jemand schon in den Sinn gekommen wäre, Zunzens Werke in dem Sinne wie etwa eine griechische
Tragödie klassisch zu nennen.

חוֹךְ. Wer auch nur das Wort kennt Sabbat 139b: Ein Weiser, der nicht innerlich ist, wie er sich von aussen giebt (שאין חוכו כברו), ist keiner, wird vor solcher Übersetzung bewahrt bleiben. Dem Gebet der Lippen entspricht, sagt Juda Halewi, bei jenen Frommen ein lauteres, von Trug und Falsch freies Inneres. Zunz übersetzt, das Wesen treffend: „Jener edelen Naturen"; man sieht jetzt, was von der Bemerkung zu halten ist: „Charakteristisch ist, dass Vers 22 von Zunz weggelassen ist .. Es war natürlich das Einfachste, diese aus jüdischem Munde stammende Kritik der um 1125 in Spanien lebenden Juden totzuschweigen" (ib.). Falsch oder gar nicht verstehen und kühn anklagen, das ist das alte Recept für die Behandlung von Juden und Judenthum. An der 4. Strophe hat unser Übersetzer vollständig Schiffbruch gelitten. Da Berliner seine Quellen angiebt, so mussten diese, wo sein Abdruck bedenklich erscheint, eingesehen werden. Übrigens hat M. Sachs p. 34 längst einen lesbaren Text hergestellt. Dort war zu ersehen, dass es nach der LA. des römischen Machzor lauten müsse:

רק לחזֵי צור כבודם · · · ומצאֵי מעֵיני יסורם

und dass Zunz, wie auch ohne weitere Forschung aus seiner Übersetzung klar hervorgeht, so gelesen habe. In keiner anderen Sprache hätte es einem Kritiker vom Range de Lagarde's begegnen können, dass er blindlings einem jämmerlichen Druckfehler zum Opfer fällt; in der neuhebräischen passirt es ihm. Hier merkt er nicht, dass in der Strophe:

כי בן בשר ודם
תמצא את אלהיך

כן bei Berliner aus כן verdruckt ist, auf das der Sinn mit einem Zaunpfahl und Zunz klar mit den Worten hinweist: Also .. wirst du finden deinen Gott." Ohne Sinn und Zusammenhang, unhebräisch und undeutsch übersetzt Zunzens Meisterer:

„Dass du, o Sohn von Fleisch und Blut,
Deinen Gott finden kannst."

Es ist unglaublich, wie der kleinste Fallstrick, die Umstellung eines Buchstaben dem Manne, der sonst souverain selbst mit dem Bibelwort zu schalten wagt, zum Verderben wird. Der Dichter räth:

עמוד למספס וחיה
וַעֲזוב מרד ומעל.

Nun druckt Berliner verhängnissvoller Weise עושר statt עמר; die
Rathlosigkeit ist fertig. Obzwar die zwei übrigen Imperative des
Satzes gebieterisch den dritten fordern und einem Lehrer des
A. T. Esechiel 44, 24 beifallen durfte, wird übersetzt: „steht zum
Gerichte auf. Lebe", und am Rande bemerkt: „Text vermuthlich
verderbt." Die sprachvergleichende Gelehrsamkeit der Anmerkung
contrastirt ergreifend mit der demüthigen Unbeholfenheit des
Textes. Zu den Versen 47—48:

> „Verlass das Sagen „Wann und Wo?
> was ist unten und was ist oben"

erhalten wir die Belehrung: „Vers 47 geht auf die Messiashoffnungen
der Juden, die dem Dichter äusserlich, und darum roh erschienen.
Vers 48 bezieht sich vielleicht auf kabbalistische Träume." Juda
Hallewi ist da an den rechten Interpreten gekommen; dem Dichter,
dessen Seele aufjauchzt, wenn er der messianischen Zeit gedenkt,
der träumend und wachend in solcher Hoffnung schwelgt, soll der
Messiasgedanke roh erschienen sein. Traduttore traditore! Jeder
Mischnaleser würde die richtige Erklärung dieser Stelle aus
Chagiga 2, 1 zu citiren wissen: Wer über vier Dinge grübelt,
wäre besser nicht auf die Welt gekommen: Was ist oben? was
ist unten? Was vorher? was nachher. Nichts von Messias, nichts
von Kabbala, sondern eine Abweisung der Philosophaster; der
„Kerl, der speculirt" ist's, vor dem hier der Dichter warnt. „Man
fühle" nunmehr die Bedeutung der Äusserung: „Ebenso charakteristisch für Zunz ist die Fehlübersetzung der Verse 30—39,
das, worauf es dem Dichter ankam, hat dieser „wahrhaft einzige
Mann» gar nicht gemerkt" (ib.). Ich wage nicht, die unwider-
stehliche Komik dieser Kritik durch ein weiteres Wort ab-
zuschwächen.

Frei von Druckfehlern, aber nicht von Übersetzersünden ist
die zweite Probe, das Bussgedicht Ibn Ezra's für den Esther-
fasttag. Herr Prof. de Lagarde, offenbar auch kein „Liturgiker",
nennt es „für das Purimfest bestimmt" (p. 134 n.). Ich halte
mich nicht bei Übersetzungen auf wie: „Ein fester Vertrag besteht
zwischen dir und mir, der von mir und meiner Nachkommenschaft
innegehalten wird", wo שמורה. לי ולניני unter selbstverständlicher
Berufung auf Lev. 26, 44—45 den Bund bedeutet, der „für mich
(Israel) und meine Kindeskinder [von Gott] gewahrt wird." Samuel,
der Agag zerhieb, war nicht Mose's Bruder; es war also richtiger

zu übersetzen: durch seinen Verwandten [1]). „Und der zwei Tochter
war, was ihr Name sagt, eine Tochter Abichails" ist unmöglich,
da Josua und Saul vorher genannt wurden. Auf Rachel als
Stammmutter geht Esther zurück, die Esau in Haman vollends
aufs Haupt schlug. Böse Missverständnisse beginnen mit V. 29:
ומתן ידו נזכר, der so wiedergegeben wird: „und [das Volk] an die
Gabe seiner Hand sich erinnert", d. h. nach der Erklärung am
Rande: „sich erinnert, was es dir an Steuern zu zahlen hat."
Man begreift, dass diese Erinnerung der bussfertigen Beter ebenso
nutzlos als lächerlich wäre. נזכר bedeutet jedoch im biblischen
Hebräisch: es wird gedacht, d. h. also der Gaben Israels wird
vor Gott gedacht, so dass rettend sein armer halber Schekel ein-
tritt, wenn die Hamane zu seiner Vernichtung 10,000 Talente
Silber anbieten. הקדים שקליהן לשקליו Gott selber hat Israels
Schekel denen Hamans zuvorkommen lassen, erklärt der Talmud
Megilla f. 13b. Eine Wiedergabe jener Stelle sind nun die Verse:

ומתן ידו נזכר

וטוב כחצית שקל

מן עשרה אפים ככר

Von diesen 10,000 Talenten, die unverstanden und unverständlich
seine Übersetzung belasten, hätte aber Herr Prof. de Lagarde,
von dem man keine Kenntniss einer Talmudstelle fordern kann,
jedoch wenigstens aus dem A. T. (Esther 3, 9) wissen müssen.
Die Übersetzung: „Wie solltest du mich in die Hand eines
Grausamen übergeben u. s. w." verwischt allen Sinn und die Actualität
der Klage. Ibn Esra schildert vielmehr, wie Israel von Esau
und Ismael gemartert wird, Christenthum und Islam es bedrängen.
„Und wie sollte der Sohn meiner Magd mich verwüsten, und ein
Bruder mich auf einen Kohlentopf legen." So übersetzt, wer
einen Dichter lächerlich machen will. Natürlich ist hier von den
Scheiterhaufen die Rede, auf die Esau's Bruderliebe, „christliche

---

[1]) Der Commentator des römischen Machzors, Jochanan Treves erklärt
אחי המן nach dem Sprachgebrauch der Italiener für Cousin, indem Korach,
der Urahn Samuel's, Mose's Vetter war. Ibn Esra hat jedoch diesen Ausdruck noch schwerlich in diesem Sinne gebraucht s. Zunz, Ges. Schriften 3, 157
und Berliner's Magazin 4, 55. Wenn Salomo Ibn Gabirol (s. Sen. Sachs
in Isr. Letterbode 3, 19 u. Steinschneider Cat. Bodleian. 2333) singt: בני שׂר
הקרהו שׁמואל שׁחה כמו או שׁיר כלת wie der Schnee vom Snir oder das Lied des
frostigen Samuel [Hannagid], so meinte er unter הקרהו eigentlich הקרח, worin
mit feinem Wortspiel Korach und Eis zugleich angedeutet liegen.

Liebe" Jakob hat steigen lassen. Das Wortspiel zwischen dem Bruder Esau (אשׂו) und dem Scheiterhaufen (אש) ist noch 1556 in Ancona actuell gewesen, als Paul IV vierundzwanzig jüdische Märtyrer durch die Flammen vom Leben zum Tode brachte (s. Revue des études juives 11, 161, 319). Man wird billig auf das Original einer Übersetzung gespannt sein dürfen, die den Dichter sagen lässt: „Mein Vater, siehe, dass mein Auge

durch meine Missethat hingeschwunden ist"; leider hat man noch Nichts davon gehört, dass Missethaten die Augen angreifen. Ibn Esra sagt jedoch:

אבי ראה כי עיני

רא:ה כי עוני

Traurig, aber wahr: Herr Prof. de Lagarde erkennt den unverändert angeführten Psalmvers 88, 10 nicht, wenn dieser unvocalisirt ihm gegenübertritt; die mater lectionis ו in עוני — עני war eine Stiefmutter; aus Noth oder Elend ist „meine Missethat" geworden. Aus Ibn Esra's ergreifendem Schlussaccord: Sieh, Vater, wie vor Noth mein Aug' verlechzt klingt in solcher Übersetzung — ein Gallimatthias.

Als drittes Beweisstück gegen Zunz und die synagogale Poesie erscheint Jesaja ben Mali's Peticha. An der Schwelle lagert der Fehler: „1 — 22 ergeben das Alphabet, 23—25 geben ישׁע: der Verfasser hiess «Jesaja ben Mali»: folglich fehlen am Ende zwei oder drei Zeilen, was Zunz und Berliner nicht merkten." Zwingender als die Logik ist die Naivität dieser Bemerkung. Wer in Zunzens Literaturgeschichte der syn. Poesie 336 nachschlägt, findet, dass nur dieses Eine Gedicht von unserem Dichter bekannt ist und dass er nach dem Alphabet darin zeichnet: ישעיה בירבי מאלי חזק. Zunz hat nur bis zum Buchstaben ע des Akrostichons übersetzt, Berliner darum den Text nur so weit abgedruckt, von dem somit nicht zwei oder drei, sondern vierzehn Zeilen fehlen, was Herr Prof. de Lagarde „nicht merkt." Allein hier erwarten uns schwerere Überraschungen! Schon der Anfang hält uns gebannt:

איכה שפתי אהיה פותח

בקש תחינה להיה צורח

נבר כבר עון ואיש צורח

das soll zu Deutsch bedeuten:

„Wie soll Ich ein meine Lippen Aufthuender sein,
ein eine Bitte die um Gnade fleht, Ausschreiender zu sein?
ich ein Mannsen schwer von Missethat und ein ... Mann."

3*

Zu V. 3 belehrt uns eine Anmerkung: „צורת war schon in 2 da, sollte es רצח Mörder heissen müssen?" Der zweite Vers ist in geradezu unbegreiflicher Weise verhallhornt, und doch ist hier Alles so schlicht und einfach. Allerdings muss man Daniel 9, 3 sich vor Augen halten. Wie soll ich die Lippen aufthun, beginnt der Dichter, um zu beten und laut zu flehen! Ich ein Mann sündenschwer und schuldbeladen. Das zweite צורת ist natürlich, wie Jeder von selber weiss, der auch nur das Onkelostargum gelesen hat und die besonders bei sefardischen Abschreibern so natürliche Verwechslung von ס und צ kennt, — כורח Sünder, Schuldiger; vgl. z. B. Gen. 31, 36. Beispiele dieses Verbs bietet jedes talmudische Wörterbuch. Warum also gleich: Mörder? Wozu so blutränstige Conjecturen? סולח der Verzeiher ist der Name Gottes, daher ohne Artikel. Der Dichter fragt: Kann ein Wort ihm gelingen vor dem Antlitz des Verzeihers? nicht: „Sollte ein Wort ihm nützen vor dem Angesichte eines Verzeihenden?" V. 6 u. 7 lauten:

ובזוי אנוש יעמור ויסחפח

זחל אחזני לבסא שיח

in der Musterübersetzung:

„und von Menschen verachteter steht und gesellt sich
Furcht hat mich gefasst, so dass ich Gebet hersage."

V. 6 ist jedoch natürlich eine Frage und im Sinne von 1 Sam. 26, 19 zu verstehn: Ein von Menschen Verachteter sollte hintreten und aufgenommen werden wollen vor Gott? Daher, sagt V. 7, befällt mich Furcht, so dass ich das Gebet nicht sprechen kann. V. 9—12 werden unglaublicher Weise also verdeutscht:

„verfettet ist mein Herz, so dass ich nicht betend gehe.
Hoch ist Sündigen und Treulos-sein wie ein fliegender Vogel,
schwerer als Sand von Meeren, und es dehnt sich aus,
so dass sich erstreckt der Hochmuth seiner Widersetzlichkeit bis zum Monde."

Das unglückliche Opfer lautet im Original:

טפש לבבי סהלך שוהח

תבה חטוא וסעול כעוף פורח

כבד מחול ימים וימחא

למד זרח סריו ערי ירח

Es ist also in V. 9 שחח aus Jes. 60, 14 in שוחח verkehrt, eine Tücke des unvocalisirten Textes, das Herz als Subject der folgenden Sätze verkannt und vollends V. 12 aus למד, das im Sinne von Jer. 13, 23 gebraucht ist, wider alle Grammatik und Construktion die Form לְמֹד von מֹדד, das jedoch nur, wie eben Zach. 2, 6 beweist, messen, nicht „sich erstrecken" bedeutet, herausgequält worden. Die wahre Übersetzung dem Wortlaute nach daher:

Zu thöricht ist mein Herz, um in Demuth zu wandeln,
Vielmehr sündigt und frevelt es hoch, wie der Vogel fliegt,
Schwerer und ausgebreiteter, als am Meere der Sand ist,
Übt seine frevle Widersetzlichkeit, so lange es unter dem Monde wandelt.

עדי ירח habe ich nicht etwa frei, sondern sinngemäss wiedergegeben. Zeile 11 ist nicht „falsch überliefert"; מחול vertritt nur hier im Abasimetrum den Jambus. Ebenso missverstanden sind V. 13—14:

כה אעשה עד אמצא הרוח
נגר עוותי ואין מזבח

die so wiedergegeben werden:

„Was soll ich thun bis ich Frei-aufathmen finde?
Vor mir sind meine Missethaten, aber es ist kein Altar da."

Natürlich muss es heissen:

Was soll ich thun, bis ich Erleichterung finde
Angesichts meiner Sünden, da kein Altar da ist?

Dass man V. 16 כפר בנותנם ריח על מעלי übersetzen könne: „Über meiner Treulosigkeit war Versöhnung, als sie [die Opfer] Duft gaben", wird kein des Hebräischen Kundiger für möglich halten. Da in den folgenden Versen Imperative folgen, so muss כפר ebenfalls einer sein und מעלי als ungewöhnlicher, aber statthafter Plural gefasst werden, auf den sich dann ohne Zwang בנותנם bezieht. Hier beginnt dann das Gebet: Verzeihe meine Vergehungen, wenn — für uns heute ein unerträgliches Bild — ihr Übelgeruch sich zu dir erhebt. V. 18 המלח מעוז כעס צורי wagt der Kritiker nur lückenhaft zu übersetzen: „Mein Fels, wie Rauch lasse seine ... verwehen." מעוז ist, wie kaum noch gesagt zu werden braucht, eine im Ebenbilde von מָאֲוַיֵי (Ps. 140, 9) geprägte Form und bedeutet natürlich: seine Vergehungen. V. 20 אל יהי למולך רחשי סורח beisst, wie schon die Analogie von קולי und שעי hätte zeigen können, und רָחָשׁ (Zunz, Ritus 236) wie רחשך (Zunz, Syn. Poesie 402) beweist: Mein Gebet möge dir nicht zur Last sein, nicht: „Meine Ängste dir gegenüber finde nicht lästig." Schlimmer, als es bereits der Anfang verheissen, endet die „Übersetzung":

Jah verhüllt, trägt, und verzeiht
Irrendem, so dass er entsühnt jeden der seufzt.
Er geht gnädig hinweg über Empörung und einen der sich zu Boden wirft.

Auch nur Einen Augenblick annehmen, Ähnliches sei im Original zu finden, heisst den unglücklichen Dichter beleidigen. Wie sollte er auch, wenn er ernsthaft genommen werden wollte, die Lästerung aussprechen, Gott gehe gnädig hinweg über einen, der sich zu Boden wirft. Auch an der Logik des: so dass er entsühnt ist Josua unschuldig. Hören wir ihn selber:

יה מעלים נשא וגם פוכח

שגג לכפר לאשר נתח:

עובר עלי פשע — ומשחכח

מעלים bedeutet hier nicht: „verhüllt", נשא nicht „trägt", sondern: vergiebt und verzeiht wie in der bekannten Stelle der Liturgie הסובל ומעלים עץ סוררים: האוחז ביד. Wie פוכח bei der festen Rection mit על, die dieses Verbum im Hebräischen fordert, mit שגג verbunden werden konnte, ist vollends unerfindlich. Das Wort שגג in seiner unvocalisirten Gestalt hat wieder den Jammer angerichtet. Es ist, wie es keinem Kenner der Piutsprache einen Augenblick lang entgehen kann, שֶׁנֶּג zu lesen und bedeutet: Fehl, Vergehen. Es war übrigens aus Zunz, Syn. Poesie 355, Ges. Schriften 3, 234 leicht zu lernen. שגג לכפר gehört also zusammen und bedeutet: den Fehl zu sühnen. נונח sagt mehr als seufzen; es ist ein Rufen unter Stöhnen. Was ruft er? עובר עלי פשע du Schuldverzeiher; mit diesem süssesten aller Gottesnamen, mit dem der Prophet Micha 7, 18 Gott anredet, wendet sich hier der zerknirschte bussfertige Beter an ihn und wirft sich nieder. ומשחכח zu עובר zu ziehen, ist ein Auskunftsmittel der Rathlosigkeit, für das der Geist der hebräischen Sprache keine Absolution ertheilt. Die arg ver- — ich muss das Wort „verzunzt" vergessen, das p. 129 gewagt wird — unstalteten Verse besagen also:

> Gott vergiebt, verzeiht und sieht hinweg,
> Um dem den Fehl zu sühnen, der stöhnend ruft:
> O Schuldverzeiher du — und sich zu Boden wirft.

Nach p. 144 hat Herr Prof. de Lagarde Eleazar Hakalir's „Gedichte herausgeben zu wollen bereits 1852 angekündigt." Man darf ihm und den Gedichten dazu Glück wünschen, dass diese Ausgabe unterblieben ist. Die „Übersetzung" eines der kleinsten und leichtesten seiner sonst von Schwierigkeiten starrenden Stücke, die uns als viertes Pröbchen geboten wird, ist allein schon ausreichend, dieses Urtheil zu rechtfertigen. רמות וצלם ורקמה soll „Aussehen und Statur und Bau" bedeuten. Wer sich nur ein wenig bei den älteren synagogalen Dichtern umgesehen hat, weiss, dass רקמה einfach die Form bedeutet, was hier schon die Brandung von Synonymen hätte lehren können. In der Vorbemerkung zu diesem Gedichte heisst es: „Dass die auf סה endigenden Hauptwörter immer genau im Sinne des Dichters übertragen worden sind, verbürge ich nicht", allein dieser Selbsterkenntniss folgt allsogleich der Pferdefuss: „wenn Jahwe die Berliner Juden erhören, und ihnen die Sykomoren wachsen lassen wollte, um die sie (Vers 11) bitten, so würde die Sargfabrikation bald in ihren Händen sein." Noch traurigere, aber unfreiwillige Witze bringt die „Übersetzung." Das Sätzchen להבל הבטימה soll zu Deutsch besagen: „Dem Tragelande die ihm zugedachte Tränkung." Da keine Anmerkung die Quelle dieser räthselhaften Übertragung aufdeckt, so kann nur irgend ein schweres Missverständniss dahinter vermuthet werden, wie etwa eine Verwechselung von המסוס Jes. 64, 1 mit dem Part. Pass. הַמְבֻוִיסָה. Dieses aber kann sich nur auf לחבל beziehen und mit Jochanan Treves als „ausgezeichnet" erklärt werden. Es ist demnach zu übersetzen: Der ausgezeichneten, d. h. von Gott durch gewisse Vorschriften, die sie betreffen, ausgezeichneten Welt oder Erde.

Die Verballhornungen:

> „die Erde der Vergessung zur Aufrichtung,
> Sträucher zur Grossziehung,
> Fruchtstämme zur Stärkung,
> Blumen zur Entfaltung,
> wildes Kraut zur Beregnung"

beruhen darauf, dass die vorangestellten Objecte der Infinitive לקיטה u. s. w. nicht als solche erkannt wurden. Es sollen einfach die Wirkungen des Regens aufgezählt werden:

> נשיה לקימה
> שיחים לקוטטה
> ערנים לעצמה
> פרחים להעצימה
> צמחים לנשמה

Die Erde zu erhalten, Sträucher hochzuziehen, Lustgärten zu säftigen, Blumen zu kräftigen, Pflanzenwuchs zu wässern.

Die unangenehmste Überraschung wird uns für das Ende aufgespart:

> „Tränkung zur Hochziehung,
> Die über dem Nichts aufgehängte Erde."

שהיה לחכמה
תלויה על בלימה

bedeutet aber, wie man Schülern selbst kaum zu erklären braucht:

> Um die über dem Nichts schwebende
> Erde hoch zu halten.

Aus dem bekannten Namen der Erde שתיה — Grundveste ist bei unserem Übersetzer „Tränkung" geworden. Was würde man von einem Philologen sagen, der in einem neulateinischen Dichter etwa Kartoffel für Tröstungen und Missethaten für Äpfel ausgäbe! Die durch das ganze Gedicht sich hinschleppende Verkennung der grammatischen Construktion musste in einem solchen Knalleffekte enden.

Das fünfte und letzte Opfer dieser Auswahl bildet der „Kneipgesang," verübt von »Isak Giat». Der „in unbeschreiblicher Albernheit stets wiederkehrende" Refrain wird nach dem Vorgange von Zunz weggelassen: „Deiner Macht — deiner Herrlichkeit ist voll die Erde", so schliesst der Dichter seinen Preis ·der Weltenschöpfung am Ende der Strophen und Halbstrophen; ich wüsste nicht, warum dies „albern" sein soll. Doch wenden wir uns der „Übersetzung" selber zu. Die Worte:

בתוכם ארקים ים ואפיקים

werden also wiedergegeben:

> „in seiner Mitte .... und Meer und Bäche."

Die Anmerkung belehrt: „Suffix in כתוכם auf שחקים?. das ארקים wage ich nicht zu übersetzen." Die plötzliche Schüchternheit wirkt, nachdem so viel „gewagt" worden, wahrhaft verblüffend. Dass ארקים die Erde bedeutet, bedarf keiner weiteren Auseinandersetzung, ebensowenig wie, dass die Erde, Festes und Flüssiges, Land und Meer, inmitten des Himmels schwebt. Die Übersetzung:

> Geschöpfe von dir laufender Sturm
> und funkelnder Blitz
> und zerschmetternder Wind

verfehlt trotz wörtlicher Treue den Sinn. Ibn Gajjât hat unter גלגל ירעץ den schmetternden Donner, nicht laufenden Sturm verstanden, wodurch allein die Strophe Sinn und Ausdruck erhält. Auch „das kreisende Rad" für ואופן סטופף inmitten von Seraphim und Cherubim ist unhaltbar. Dass סטפף bei den mittelalterlichen Poeten: sprechen bedeutet, war von Zunz, Syn. Poesie 428 zu lernen. Am Schlimmsten ist es jedoch der Strophe ל ergangen:

קנינך לשמי כתמים וגנוי ברחמים
ורקמת גלמים ורקח וסמים

Hier soll Ibn Gajját zusammengestellt haben:

„Geschöpfe von dir . . . . von Gold
und Schätze an buntfarbigen Zeugen
und Embryonenbauereien
und Wohlgeruch und Arzneien."

Embryonenbauereien! Nie ist ein Reim einen Dichter theuerer
zu stehn gekommen! Die Anmerkung rechtfertigt die Lücke: „לשמי
eine Edelsteinart: Der Dichter deutete wohl anders." Diese
Annahme ist falsch; aus einem Edelstein war nichts Anderes
herauszudeuten; כתמים musste nur verstanden werden. Der Dichter
will eigentlich sagen כתמי לשמים, da dies aber missverständlich
wäre und an das mischnische Wort für: Fleck dabei gedacht
werden könnte, gebraucht er eine der von Zunz in ihrer Häufigkeit
nachgewiesenen Genitivumstellungen (LG. 642) und wagt: לשמי
כתמים, das also nur: glänzende, kostbare Edelsteine bedeutet.
Woher aber die „Embryonenbauereien"? גלם bedeutet trotz des
angerufenen Psalmverses 139, 16 im Neuhebräischen weder bei
Dichtern noch bei Prosaikern: Embryo. גלם gilt so ausschliesslich
für Materie, Rohstoff, dass der Leibarzt Sultan Solimans, Abraham
Ibn Megas in seiner Entrüstung gegen den Dichter der Aboda
אתה כוננת [1]) in einem Briefe an Josef Karo (אבקת רוכל N. 27) —
„von denen vermuthlich Paul und Ludwig nicht einmal wissen"
würde Herr Prof. de Lagarde nach p. 143 hinzufügen — sich
nicht zu lassen weiss, weil גלם תבניתך מן האדמה יצרת Gott zu
verkörpern, durch die Materie zu vergröbern scheint. Bei Ibn
Gajját bedeutet גלמים natürlich Hüllen, Gewandstoffe, die in der
orientalisch gefärbten Aufzählung der Kostbarkeiten der Welt
ebensowenig wie Geschmeide und Specereien, aus denen freilich
unser Übersetzer „Arzneien" macht, fehlen durften. Es ist un-
begreiflich, wie Herr Prof. de Lagarde, der den Vers Ez. 27, 24
hier vor Augen hatte, da er גנוי ברחמים daraus citirt fand, בגלומי
תכלת ורקמה, aus denen das unheilvolle ורקמת גלמים entstand, so
völlig übersehen konnte. Da mussten dann freilich aus bunten
Stoffen „Embryonenbauereien" werden. Wie es um die Kenntniss
der Realien bestellt ist, zeigt, wenn nicht eine grammatische Ein-
wendung ohne alles Gewicht [הר סיני — ושׂשה] erhoben werden

---

[1]) S. Halberstam's Aufzählung der 12 Aboda's Hamagid 15, 293 f.

sollte, die Bemerkung zu dem Verse נכוכות בעפר כתכות תשׁה. Sie lautet arg lakonisch: „שׁ׳זה" hier?" Die sechs Metalle sind von den Arabern her bekannt; s. z. B. Dieterici, die Naturanschauung und Naturphilosophie der Araber im X. Jahrhundert p. 11, Z. f. Abraham Ibn Esra zu Ex. 15, 10 erklärt: אם כחכוה סיני השׁה ולעולם העוח בשׁנים יחע דכר מהם אחר כל יחסר הארץ תחת ישׁמו העופרח תסיף. Juda Hadassi zählt die sechs mit Namen auf (הנפי׳ אשׁכול Alf. 164) L 61b: וכ׳יל הברזל והנחשת והכסף הזהב תעופרה.

Aber ich athme auf, diese Kleinmeisterei endlich abbrechen zu dürfen; es ist für einen rechtgeschaffenen Menschen wahrlich das Widerwärtigste, einem Forscher vom Schlage de Lagarde's im Scheine des Besserwissenwollens gegenübertreten zu müssen. Allein was sollte dem Reichen, auf so viel Gebieten Begüterten das arme Schäflein der synagogalen Poesie, was lüstete es ihn, dem auf den Altären so vieler Wissenschaften Weihrauch gestreut wird, nach dem Lorbeer auf den bleichen Schläfen eines Verstorbenen! Wahrlich, nicht seine Gegner, sondern sein Jünger und er selbst haben den Vorhang vor dem Adyton seiner neuhebräischen Kenntnisse hinweggezogen, an denen zu zweifeln keinem Juden in den Sinn gekommen wäre. Wie bescheiden hat ihm noch Perles (Etymol. Studien p. 2) es vorgehalten, dass er im Talmud aus einem Tragbett — das durch Marc. 2, 8, Johann. 5, 8 und durch die hundertfältige Darstellung im altchristlichen Gräberschmuck bekannte κράββατον — einen Stallmeister gemacht, und noch 1880 verkündete die Grätz'sche Monatsschrift (p. 379): „Kaum Einer kommt ihm gleich an Beherrschung eines ungeheuren sprachlichen Materials; denn es umfasst wohl alle Sprachen der Semiten und die meisten der Indogermanen." Wie wenig die „Judenheit" dem „gehassten Lehrer Paul de Lagarde etwas am Zeuge zu flicken" (p. 153) bestrebt gewesen sein kann, das beweist am Besten die Aufnahme, die der „Ausgabe" von Charisi's Makamen (Göttingen 1883) bereitet wurde. Es ist mir nicht bekannt, dass das Buch von jüdischer Seite irgendwo der gebührenden Kritik wäre unterzogen worden. Wie viel Angriffspunkte diese Ausgabe aber selbst dem unbewaffneten Auge darbietet, das verhehlt sich der Herausgeber selber sicherlich am Wenigsten. Er erklärt, sechs Handschriften dieser Makamen zu kennen. Von den Handschriften, die Auszüge und einzelne Makamen enthalten, abgesehen, giebt es jedoch wenigstens

zehn Codices, aus denen der Text dieser auch für die jüdische
Litteraturgeschichte ausserordentlich wichtigen Dichtungen herzu-
stellen sein wird. Gleichwohl wird aufs Gerathewohl die Almansische
Handschrift herausgegriffen, um nach einer uncollationirten
Copie — „aut librarius meus officio functus pessime est" — und
der Amsterdamer Ausgabe einen Text zusammenzuleimen. In den
53 Zeilen der obendrein manches nicht zur Sache Gehörige be-
rührenden Einleitung wird in der Litteratur über Charisi die
reichste Quelle, Steinschneider's Katalog der Bodlejana, übergangen.
Ebenso fehlt ein Hinweis auf Neubauer's מלאכת השיר, wo bereits
1665 Charisi's 50. Makame nach drei Handschriften von Oxford,
Paris und der Günsburg'schen Bibliothek herausgegeben erschien.
Dass es vier Widmungen des Tachkemoni giebt, an vier ver-
schiedene Personen gerichtet (s. Hebräische Bibliographie XX, 134),
davon erfahren wir Nichts. Gedruckt und ausgestattet wie wenige
hebräische Bücher, durchgezählt in den Reimen, würde die Ausgabe sich vorzüglich zum wissenschaftlichen Citiren eignen, wenn
ihre — äusserlichen Vorzüge nicht eben die einzigen wären.
Wohl behauptet die Einleitung, die Ausgabe sei nur für Schüler
gemacht, aber für diese sollte ja eben das Beste gerade gut genug
sein. Was sollen auch Schüler mit Stellen anfangen, wie ich sie
aus p. 91 aushebe! Ich wähle diese, weil Herr Prof. de Lagarde
verbunden war, diese Fehler auszumerzen, da er nach p. IV, Z. 7
Munk's Notice sur Joseph Ben-Jehouda p. 49 kannte. Z. 25 heisst
es nämlich: ולא ראיהי בהם חוקה כמעבה השכל יצוקה. Was soll
eine starke Hand bedeuten, die in der Form des Verstandes
gegossen ist? Und doch ist diese Verderbniss längst bei Munk
geheilt, wo auch davon zu lesen steht, dass auch Carmoly zwei
Handschriften des Tachkemoni besass: ולא ראיתי מהם שירים חוקים
במעבה השכל יצוקים; kräftige Lieder, in der Form des Geistes gegossen,
das ist etwas Anderes. Z. 28 lässt die verlorene Makame Josef
Ibn Aknin's, des Lieblingsschülers Maimuni's: ואם סוכיה בן צרקיה
beginnen. Wer wird aber mit „Und" eine Dichtung anfangen? Es
muss natürlich אם heissen, wie ebenfalls bei Munk zu ersehen
war. Fern sei es von mir, hier in eine Kritik dieser Ausgabe,
die der Urheber selber nicht für die Wissenschaft veranstaltet
zu haben erklärt — wehe dem Teige, sagt der Midrasch, wider
den der eigene Bäcker zeugt — eintreten zu wollen, es kam mir
nur darauf an, die Ungerechtigkeit der Anschuldigung, als ob die

Juden gehässig gegen de Lagarde verfahren wären, zurückzu-
weisen.

Man kann ein gewaltiger Semitist und sicherlich ein gewaltiger
Arier sein, ohne in Piutim Bescheid zu wissen und sich mit
synagogaler Poesie näher abgegeben zu haben. Wer würde auch
von einem Manne, der von den spanischen Arabern zu den Kopten
hinübersetzt, der Arabien, Syrien, Armenien und Persien, von
Palästina zu schweigen, halb Asien als seine Domäne ansieht,
Bibelkritik und Kirchengeschichte, vergleichende Grammatik der
semitischen Sprachen und hebräische Lexicographie beherrscht und
in den Mussestunden neugriechische Dialektologie betreibt, der wie
das Mädchen aus der Fremde mit jedem jungen Jahr neue Gaben
und Früchte austheilt, ein Lehrer und ein Kritiker, ein Dichter
und ein Staatsmann sein will, wer würde von solchem Manne auch
noch die Kenntniss jüdischer Dinge, Verständniss späthebräischen
Sprachguts fordern! Aber Herr Prof. de Lagarde überrascht uns
mit der Erklärung p. 118: „mit den Namen LG. IV „Machzor von
Avignon, Rom, Romania" «Machzor Vitry» weiss von allen Nicht-
Juden höchstens Ich etwas anzufangen, der ich seit 1844 mich
mit diesen Studien beschäftige." Wahrlich, wer zu einer Zeit,
wo die deutsche Christenheit einen Franz Delitzsch den ihren
nennt, von Engländern, Franzosen, Italienern und anderen Barbaren
zu schweigen, so tönend von seinen synagogalen hebräischen
Studien zu reden wagt, der kann die Entschuldigung nicht für
sich anführen, dass es ihm an Zeit und Lust gebreche, auf so
geschmacklose Dinge wie jüdische Poesieen gründlicher zu achten.
Wer vor den Gaben eines Mannes wie de Lagarde Achtung hat,
wird zugeben, dass er es in den 42 Jahren, die er „diesen Studien"
widmet, darin weiter hätte bringen können, als er es nach seinem
eigenen Ausweise gebracht hat, wenn er ein wenig von der Liebe
gehabt hätte, die er selber an Anderen vermisst. Es ist ein
trauriges Loos, in Verachtung und Unmuth gegen seinen geistigen
Brodgeber seine Tage hinbringen zu müssen. Nur mit Mitleid
kann man das Bild sich vorstellen, wie Prometheus Lagarde an den
Felsen der jüdischen Litteratur geschmiedet ist, während der Geier
des Judenhasses ihm die Leber zerhackt.

Ich werde den Spiess nicht umdrehen und mit Herrn Prof.
de Lagarde p. 155 sagen, dass es nunmehr wirklich fünf „nur
auf die Lachmuskeln oder den Vagus wirkende Proben" geworden

sind, was uns vorgelegt wurde, und uns „mit unauslöschlicher Spottlust oder mit Ekel erfüllt" (p. 160). Und wenn der Proben sehnmal mehr und der Blössen und Schnitzer die hundertfache Anzahl gewesen wäre, ich hätte geschwiegen, wie ich überhaupt der letzte bin, der gegen solchen Mann — und Herr Prof. de Lagarde muss dies von der Zeit her wissen, da er mir freundlich gesinnt war — einen Stein aufzuheben gewagt haben würde. Nicht zu spotten bin ich ausgegangen, ich war viel zu sehr von Trauer erfüllt, als dass eine Regung so heiterer Art in mir hätte aufkommen können. Ich weiss, dass die Fehler, die ich aufgedeckt habe, den Verächter der jüdischen Poesie nicht kleiner und mich nicht grösser machen, dass Viele es für klüger und bequemer gehalten hätten, zu schweigen und Anklage und Verdammung geduckt über sich ergehen zu lassen, ich aber meine, der wäre ein Elender und ein Feind seines Volkes, der dem Ankläger, wo so schreiende Gegenbeweise vorliegen, nicht zuriefe: du magst gross sein und ruhmwürdig auf hundert Gebieten, auf diesem Einen fehlt dir Urtheil und Stimme, du hast selber wider dich gezeugt und deine Befugniss öffentlich dir abgesprochen, hier überhaupt mitzureden. Wohl werde ich p. 159 unter die ärgsten Judenfeinde geworfen, allein ein Jeder liebt Israel auf seine Weise; Herr Prof. de Lagarde, wie er es versteht, und ich, so wie ich es verstehe. Um Zions willen schweige ich nicht. Es soll Niemand sagen dürfen, es sei von einem spruchbefugten Kenner bewiesen worden, die mittelalterliche synagogale Poesie sei „Unrath" und, wer ihn bewundert, „verdiene keinen Platz in Deutschland" (p. 142). Tausende und Abertausende Stücke hat diese Poesie aufzuzeigen, darunter Perlen vom hellsten Scheine, die neben die Kleinodien aller Litteraturen gereiht werden können, die todte Sprache Zions ist darin aufgelebt unter den Schmerzen ihrer Kinder, Innigkeit und Wohllaut, Süssigkeit und Inbrunst bezaubern darin den Kenner, wo aus so viel Armuth so viel Reichthum, aus so viel Jammer so viel Schönheit erblüht ist, und das gerade sollte uns trennen und „jedem Deutschen antipathisch" machen und „für alle Zeiten fremd dünken" lassen! Nein und tausendmal Nein! Das ist kein Urtheil aus dem Geiste der Nation heraus, die einen Herder, einen Goethe und Rückert geboren hat, die wie Leuchtthürme ragen, aus denen das Licht der Weltlitteratur leuchtet. Das Volk, das mehr noch als den Namen des Volks der Denker den des Volks der Übersetzer verdient, hat viel zu viel von der hohen Geisteskraft der Aneignung und Nachempfindung selbst des Fremdesten, als dass gerade dasjenige ihm undurchdringlich und abstossend erscheinen könnte, was menschlichem Fühlen so nahe und verwandt ist. So waren die Deutschen, an die Zunz im Eingange zu seiner Literaturgeschichte der synagogalen Poesie die Worte richtet: „Das Dichterheer, liebend und blutend, wird ein mit uns verwandter Theil des Menschengeschlechtes, der uns belehrt und erfreut, mit uns lacht und mit uns weint." Ich meine, Leopold Zunz wäre der Erste gewesen, der in dem Streite um die jüdische Poesie seine Übersetzungen freudig preisgegeben hätte, wenn Jemand um ihretwillen den Originalen nahe zu treten sich vermessen haben würde. Das Wort, das Wort, wie es die Dichter uns hinterlassen haben, das will genossen und verstanden sein, kein Übersetzer, vollends wenn er ein Forscher, ein Kunstarbeiter, nicht ein Dichter ist, darf sich zwischen den Angeklagten und seinen Richter stellen; wer am Urquell schöpfen kann, wird daraus Liebe und Bewunderung schlürfen.

Erinnerungen an Friedrich Rückert, so heisst der erste Theil der Schrift, deren zweiter sich: „Lipman Zunz und seine Verehrer" betitelt. Ich weiss nicht, welcher innere Zusammenhang im Geiste des Urhebers diese zwei Arbeiten verknüpft, aber ihre Vereinigung will mir von tröstlicher, versöhnender Vorbedeutung erscheinen: Das Volk Friedrich Rückert's wird Leopold Zunz und seine Verehrer nicht verstossen. So lange der Geist des Brahmanen von Neusess in seinem Volke lebt, wird es den Offenbarungen des Menschengeistes und Menschengemüthes lauschen, in all den Zungen, in denen sie ihm kund werden, und aus Nacht und Druck werden die Stimmen heraufklingen in Licht und Freiheit, die nicht minder Herzen rühren und Liebe erwecken, weil sie Juden entquollen sind und in Zions Sprache zur Nachwelt reden.

Und so mögen denn dieselben Proben, um die der Streit sich bewegte, und zwei mehr hier versöhnend am Ende stehen, wie sie mein Freund Seligmann Heller in Wien mir übertragen hat, der Mann, der in der Widmung seines Abasverus Friedrich Rückert seinen vatergleichen Herrn und Gönner nennt.

Jehuda Hallewi: יָשֵׁן אַל הַחַיִּים.

Schläfer, auf, erwache!
Thorheit lass, du Thor!
Blick' aus trüber Lache
Auf zum Himmelsthor!
Liebesgluth entfache
Gleich der Sterne Chor —
   Schlafe nicht und rufe laut zu Gott empor.

Sieh in blauen Zelten,
Wie als Liebespfand
Dort sein Arm die Welten
Väterlich umwand,
Stern' in Reih sich stellten,
Ring' an seiner Hand;
Wenn in Glückes Flor
Sich dein Herz verlor,
   Schlafe nicht und rufe laut zu Gott empor.

Auf, stets zu betreten
Jener Bahn bereit,
Denen, was sie flehten,
Herzenslauterkeit,
Denen Nächte Beten,
Fasten Tageszeit;
Können, Gott zu eigen,
Stets vor ihm sich zeigen,
Und ihr Pfad ein Steigen
Aus der Nacht hervor —
   'Und du schläfst? o rufe laut zu Gott empor.

Will, enstammt dem Staube,
Weisheit Mensch, der Wicht!
Gleicht, dem Tod zum Raube,
Er dem Thiere nicht?
Weisheit sei ihm Glaube,
Innres Seelenlicht;
Das ist Vollgenüge,
Augenlust nur Lüge;
Solche Geistesflüge
Dringen aufwärts vor;
   Doch du schläfst — o rufe laut zu Gott empor.

Glaub' ein höchstes Wesen!
Will es, ist's vollbracht,
Leben und Verwesen
Steht in seiner Macht;
Lasse, wer's erlesen,
Trug und Niedertracht;
Wann und Wo nicht denke,
Hier ins Dort versenke,
Ganz und ehrlich schenke
Gott sich, wer ihn kor —
   Nimmer schlaf' er, rufe laut zu ihm empor.

Abraham Ibn Esra: אל אדר ואין כמו

Einz'ger ohne Zweiten,
Thu dein Heil uns kund!
In die fernsten Zeiten
Wahr' uns deinen Bund;
Was Hadassa that
Auf des Oheims Rath,
War auf dein Geheiss, du Helfer früh und spat.

Leah's Schooss entsprangen
Wundersonnen zwei:
Eines Hände rangen
Uns den Sieg herbei;
Als der Tag vergangen,
Kämpften wir uns frei.
Auf des zweiten Pfad
Lag, das er zertrat,
Lag das Schlangenhaupt, du Helfer früh und spat.

Drei der Helden kamen
Uns von Rahel her:
An Nun's Sohn erlahmen
Musst' Amaleks Heer;
Prelst Jemini's Samen,
Dessen Arm so schwer.
Wenn, dem Thron genaht,
Esther Heil erbat,
War's auf dein Geheiss, du Helfer früh und spat.

Stets zur Zeit erweckst du
Ein Erlöserhaupt,
Deine Rechte streckst du
Helfend dem, der glaubt;
Mehr als Hamans Habe
Galt der Treuen Gabe;
Spriesst aus Sündenthat
Mir doch Lebenssaat,
Ist's auf dein Geheiss, du Helfer früh und spat

Muss ich, Gott, vergehen?
Bist du taub dem Flehen?
Muss ich von Barbaren
Pein und Noth erfahren?
Darf ein Knecht mich knechten?
Darf aufs Rad mich flechten?
Blut- und Thränenbad,
Galgen, Feuer, Rad,
Ist's auf dein Geheiss, du Helfer früh und spat!

Jesaja ben Mali: אֵיכָה מִפְתַּח אֵהֶדָה פּוּחָה

Wie öffn' ich nur den zagen Mund?
Wie thu' ich nur mein Flehen kund?
Auf dem die Sünde lastet schwer,
Wie kommt ihm rechtes Wort, woher?
Wie betet nur so ein Vermessener,
Verächtlicher und Gottvergessener?
Ha, wie durchzittert's mein Gebein!
Ach, ich vergeh in Noth und Pein!
Ich wandl', ich Thor, nicht tiefgebeugt!
Da himmelhoch die Schuld mir fleugt,
Ein Meer sich breitet, uferlos —
Herr, wie die Ewigkeit so gross!
Geschieht's, dass je mir Hoffnung grünt,
Wenn kein Altar die Sünde sühnt,
Kein Fettdampf mehr zum Himmel steigt
Und nirgends sich Versöhnung zeigt?
O öffne deine Pforte mir
Gieb heilgewalt'ge Worte mir!
O nicht im Zorn verstosse mich,
Nimm auf im Himmelsschoosse mich!
Mein Herz im Schrei entladet sich,
Hofft, ach, dadurch begnadet sich,

Kaufmann, Paul de Lagarde.

Hofft, dass wie Rauch die Schuld verfliegt,
Dass doch sein Seufzer dich besiegt,
Der tief vor dir im Staube liegt.
Ob[1]) er vor Alter schon ergraut,
Sei sieghaft seiner Stimme Laut,
Den die Gemeinde hergesandt,
Zu flehen, wenn dein Zorn entbrannt.
Erfreu' ein Herz, das zittert, bricht!
Führ' uns zum Heil, zur Schlachtbank nicht!
Erstrahlen lass' ihm Gnadenschein,
Der singt und preist nur Dich allein;
Beglück ihn, der in Schrecken bangt,
Gebrochen deinen Trost verlangt.
Dein bin ich, durch Gebet erlöst,
Das Satan in die Hölle stösst.

Eleasar b. Kalir: אדם ובהבה

Menschen-, Thiergestalten,
Körper-, Geistgewalten,
Adern-, Beingeflechte,
Menschlichem Geschlechte,
Das mit hohem Gange,
Geistesüberschwange
Doch nur Thier im Range;
Lenzergrünter Erde
Mit der Schöpfung Werde

------

[1]) Die hier folgenden, bei Zunz fehlenden Verse lauten im Original,
das ich nach S. J. Halberstam's „grossem Machzor" mittheile:

ישע בעת המצאו קרח
האון לעומד נגדך, נצח
ברחם תהלוחז, וסתחלה
רָצוּה חרונך, ואף הָבֶת
בּורא מוזר נאנח שמח
ישע תָמָן אל נא חצו מסכח
סאור כשמש יהיה זורח
לפני אשר קם זכרך שבח
ירד וחרד מסך העלח
חת מלפניך ומתפלה
זכור אשר בנתיבך אורח
קולו למשסינ(ת)ו יהי נונח.

In der Pflanzen Hülle,
In der Früchte Fülle
Schenkend Himmelssegen,
Balsamgleichen Regen,
Dass in allen Thalen,
Bäum' im Thaue strahlen,
Blumen sich bemalen,
Paradiese mächtig
Spriessen, farbenprächtig,
Dass die Quellen rieseln,
Plätschernd über Kieseln,
Diese Welt, die schwebend
Hängt im Nichts, belebend —
Hilf, o Herr, o hilf doch!

Isak Ibn Gajjât: ‏קינה אויב יבבת יהודה‎.

Dein sind die Elemente, die Zwist einst trennte, ganz dein,
Die du verbunden, zu Lust umwunden, der ganz allein mit Macht die Welt
erfüllte.
Dein sind in Ätherzelten die tausend Welten, ganz dein,
Mit Länderräumen und Wogenschäumen, der ganz allein mit Macht die
Welt erfüllte.
Dein sind die Donner, Blitze vom Himmelsitze, ganz dein,
Wenn in Gewittern, die Felsen splittern, der ganz allein mit Macht die
Welt erfüllte.
Dein sind die Erdenklüfte, wo Dünste, Lüfte, ganz dein,
Ziehn an den Hügeln gleich Engelsflügeln, der ganz allein mit Macht die
Welt erfüllte.
Dein sind Seraphim weise, Ophannimkreise, ganz dein,
Cherubimringe mit goldner Schwinge, der ganz allein mit Macht die Welt
erfüllte.
Dein sind so Sterngefunkel, wie Licht und Dunkel, ganz dein,
Auf Bergen, Wiesen der Bäume Riesen, der ganz allein mit Macht die
Welt erfüllte.
Dein sind so Geisterstürme, wie Erdgewürme, ganz dein,
Demantenblitze im Schachtenritze, der ganz allein mit Macht die Welt
erfüllte.
Dein sind der Erde Säulen, die Stürm' umheulen, ganz dein,
Die Himmel_sieben, aus Luft getrieben, der ganz allein die Welt mit Macht
erfüllte.
Dein sind die Monde, Sonnen, die Strahlenbronnen, ganz dein,
Die Wandrer leiten durch Meeresweiten, der ganz allein mit Macht die
Welt erfüllte.

Dein sind Edelgesteine mit Himmelsscheine, ganz dein,
Und Balsamdüfte, Gewürz der Lüfte, der ganz allein mit Macht die Welt
erfüllte.
Dein sind die Fürsten, Krieger und Weltbesieger, ganz dein,
Metalle prächtig im Boden nächtig, der ganz allein mit Macht die Welt
erfüllte.

Salomo b. Jehuda hababli: חנם ה׳ הנני.

Erhör' uns, Herr! erhör' uns,
Gewähr' uns, Herr! gewähr' uns!
Du unser Theil, der du uns Heil und Schutz und Wehr uns.

Die mit Wagen, Reitern, die mit Sturmesleitern;
Wir haben Gott und Söldner nicht zu Streitern,
Wir siegen, und sie werden scheitern.

Die mit Legionen, die mit Siegerkronen;
Bei uns will nur der eine grosse Helfer wohnen,
Er wird der Schwachen Schwäche schonen.

Die mit Schildern, Speeren, die mit Kriegerheeren;
Uns blieb dein Wort, der Kriegsnoth zu wahren,
Sie wird nur ihre Wuth verzehren.

Die mit lautem Trosse, die auf stolzem Rosse;
Der Gott des Lichts ist unser Kampfgenosse,
Licht wirft die stärksten Wurfgeschosse.

Die mit Waffenklirren, die mit Schergen, Sbirren;
Doch wir mit ihm, den Furcht nicht kann beirren,
Er wird der Stolzen Stolz verwirren.

Die mit Hörnerschmettern, die mit Heulen, Zetern;
Wir haben ihn, der mit der Stimme Wettern
Die Felsen streut gleich Herbstesblättern.

Die mit Schlachtcolonnen, die mit Schlächterwonnen;
Den Ohnegleichen haben wir gewonnen,
Durch den wir sicherm Tod entronnen.

Die mit Kampfgedränge, die mit Mordgepränge;
Doch unser er, nicht werden Adlerfänge
Sein Täubchen würgen auf die Länge.

Aus Isak b. Meschullam's: ירא לבי ורועד.

O wie mein Herz verzagt,
Wenn dieser Festtag tagt,
Und Gott uns schwer verklagt.

Denk ich der Sünde Schmach,
Denk ich dem Schöpfer nach,
Wird die Verzweiflung wach.

Ich seh' das Weltgericht,
Da zieht den Bösewicht
Der Geister Fürst ans Licht.

Ich bin vor Sündennoth
Erschrocken in den Tod,
Und Tod ist's, der mir droht.

Mir selbst bin ich verhasst;
Von Ekel tief erfasst,
Trag ich der Schande Last.

Denn wahr ist's: man verdirbt,
Eh man die Gnad' erwirbt,
Der Tag kommt, da man stirbt.

Eh' noch dein Geist entschwebt,
Dein Lichtlein ausgebebt.
Sei Gutes denn erstrebt.

Du, des Erbarmens Hort,
Meld' uns das Trosteswort:
Lebt, lebt ihr alle fort!